ADIB PACHA

LE LIBAN

APRÈS LA GUERRE

(AVEC DEUX CARTES)

PARIS

ÉDITIONS ERNEST LEROUX

28, RUE BONAPARTE, 28

1919

LE LIBAN
APRÈS LA GUERRE

ANGERS. — IMP. F. GAULTIER ET A. THÉBERT.

ADIB PACHA

—+—

LE LIBAN

APRÈS LA GUERRE

(AVEC DEUX CARTES)

PARIS
ÉDITIONS ERNEST LEROUX
28, RUE BONAPARTE, 28,

1918

AVANT-PROPOS

Le nom du Liban est lié à l'histoire des plus anciens peuples du monde et figure avec honneur dans les annales des civilisations antiques. Mais sa gloire passée ne l'a point sauvé de l'oubli, et rares sont les personnes qui, en Europe, possèdent des notions quelque peu claires sur sa géographie et sur les races diverses qui se mêlent, sans se confondre, sur son petit territoire.

Les événements de 1860, qui amenèrent l'intervention armée de la France valurent au Liban un moment de douloureuse célébrité. Depuis cette époque, son nom venait, tous les cinq ans, réveiller, pour quelques jours, l'écho des chancelleries ; puis le silence retombait sur ce pays lointain.

De nombreux écrivains ont traité de l'Orient, de la Syrie et de la Palestine, et, dans leurs ouvrages, ils ont aussi mentionné le Liban. Des études spéciales lui ont même été consacrés dans le domaine de l'archéologie, de *l'ethnographie, de la géologie, de l'hydrographie*, etc. Mais ce qui manque jusqu'ici, c'est un travail d'ensemble qui centralise toutes les questions concernant le Liban : sa géographie, son histoire, ses ressources agricoles, son industrie, les peuples qui l'habitent, leurs besoins actuels et leurs aspirations. C'est cette tâche que j'ai voulu entreprendre, sans m'en dissimuler les difficultés, étant donné surtout la situation créée par la guerre, qui interdit l'accès du Liban.*

Le lecteur trouvera à la fin des pages, comme conclusion logique, les vœux qu'émettent les Libanais pour recouvrer les limites que la nature elle-même a assignées à leur pays et que l'histoire leur reconnaît.

Le Caire, Avril 1917.

Aug. Adib.

(*) Je ne puis m'empêcher de faire une mention spéciale des ouvrages divers du R. P. H. Lammens, l'un des grands maîtres de l'Orientalisme moderne, que j'ai eu souvent à consulter et qui sont la source la plus sûre et la plus autorisée dans cette matière.

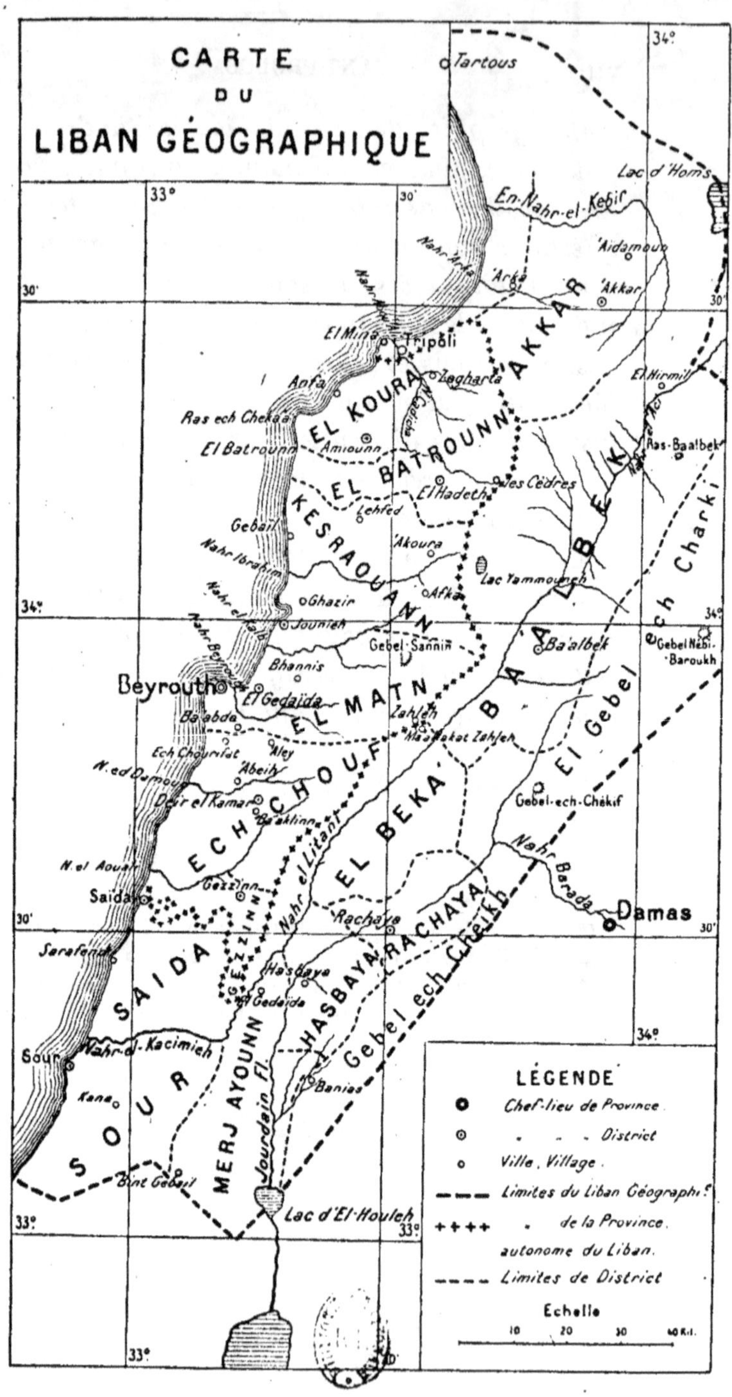
CARTE
DU
LIBAN GÉOGRAPHIQUE
34°
33°
30°
Tartous
Lac d'Homs
En-Nahr-el-Kebir
'Aidamoua
Nahr-Arka
'Arka
'Akkar
El Mina
Tripoli
Anfa
Zagharta
El Hirmil
Ras ech Chekaa
EL KOURA
AKKAR
El Batrounn
Amiounn
EL BATROUNN
Ras-Baalbek
les Cèdres
Lehfed
El Hadeth
Gebail
'Akoura
KESRAOUAN
Nahr Ibrahim
Afka
Lac Yammouneh
Ghazir
Nahr el
Jounieh
BAALBEK
ech Charki
Gebel-Sanniñ
Ba'albek
Gebel Nebi-
Baroukh
Nahr Beyrouth
Bhannis
EL MATN
Beyrouth
El Gedaida
Zahleh
Ba'abda
Maalakat Zahleh
ECH CHOUF
El Gebel
Ech Chourfat
Aley
Abeih
N. ed Damo
Gebel-ech-Chékif
Deir el Kamar
Baaklinn
Nahr el Litant
EL BEKA'
Nahr Barada
N. el Aouar
Gezzinn
Damas
Saida
GEZZINN
Rachaya
Sarafand
RACHAYA
SAIDA
Hasbaya
Gebel ech Cheikh
Gedaida
HASBAYA
Sour
Nahr-el-Kacimieh
MERJ AYOUNN
Banias
Kana
Jourdain Fl.
SOUR
Bint Gebail
Lac d'El-Houleh
33°
LÉGENDE
Chef-lieu de Province
District
Ville, Village
Limites du Liban Géographi?
de la Province
autonome du Liban.
Limites de District
Echelle
10   20   30   40 K.i.

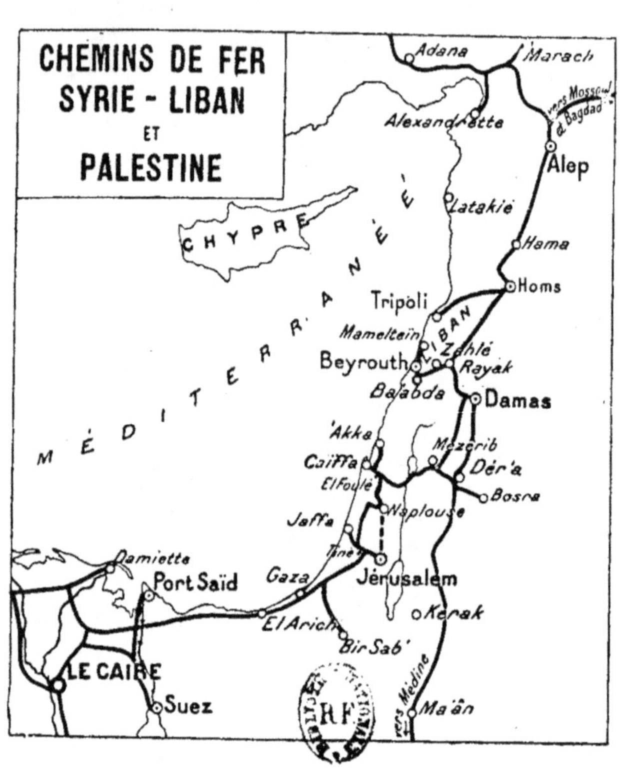

CHEMINS DE FER
SYRIE - LIBAN
ET
PALESTINE
CHYPRE
MÉDITERRANÉE
Adana
Marach
Alexandrette
vers Mossoul d Bagdad
Alep
Latakié
Hama
Homs
Tripoli
LIBAN
Mameltein
Zahlé
Beyrouth
Rayak
Baabda
Damas
'Akka
Mézérib
Caiffa
Dér'a
El Foulé
Bosra
Jaffa
Naplouse
Tiné
Damiette
Port Saïd
Gaza
Jérusalem
El Arich
Kerak
Bir Sab'
LE CAIRE
vers Médine
Ma'ân
Suez
RF

LE LIBAN APRÈS LA GUERRE

CHAPITRE Ier

Aperçu géographique

Le Liban, en arabe Lebnann, est une chaîne de montagnes de la Syrie centrale qui tire son nom de la blancheur de ses cimes couvertes de neige durant une partie de l'année. Située entre 33°19' et 34°40' de latitude N. et entre 32°54' et 34°5' de longitude E. (35°14 et 36°25' par rapport au méridien de Greenwich), cette chaîne s'allonge sur la côte orientale de la mer Méditerranée dans la direction générale nord-est sud-ouest, depuis la vallée du Nahr-el-Kébir au nord jusqu'au fossé profond creusé au sud par le Nahr-el-Litani, qui, sur son cours inférieur, prend le nom de Nahr-el-Kacimieh.

Le versant occidental de l'ensemble du massif libanais s'abaisse en pente généralement douce vers la mer, dont il n'est séparé que par la plaine de Phénicie, qui varie en largeur de vingt-six kilomètres à moins d'une centaine de mètres. Sur quelques points, même, la côte finit par une falaise qui plonge à pic dans la mer. Le versant oriental descend par une pente plus abrupte sur la plaine d'El-Beka' au sud et la plaine de Ba'albek au nord. Ces deux plaines, qui divisent la chaîne du Liban de celle de l'Anti-Liban (en arabe El-Gebel-ech-Charki), constituent un plateau oblong, dont l'altitude est de 600 mètres environ à son extrémité méridionale et s'élève à 1.200 mètres vers la ville de Ba'albek, pour aller en diminuant de nouveau dans la direction du nord. L'hypothèse a été émise que ces deux chaînes de montagnes n'en formaient qu'une dans les temps préhistoriques et qu'à la suite d'un cataclysme géologique, le sol s'est affaissé entre elles, donnant naissance à la dépression actuelle.

LE SYSTÈME MONTAGNEUX DU LIBAN a une longueur d'environ cent soixante-cinq kilomètres ; en largeur, il mesure une quarantaine de kilomètres dans sa partie septentrionale, mais il se rétrécit graduellement vers le sud, où il ne compte plus qu'une trentaine de kilomètres en moyenne.

Aux yeux du voyageur venant de la mer, le Liban apparaît comme une longue crête généralement dénudée, coupée d'entailles profondes au fond desquelles coulent fleuves et torrents, et parsemée de villages aux maisons blanches et de taches de verdure où dominent la nuance claire du mûrier et le ton plus sombre de l'olivier et des arbres forestiers. Sur le littoral et les pentes avoisinantes, le paysage est plus riant : les champs, les vergers et les plantations s'y succèdent et reposent le regard de l'aspect désolé de la zone haute.

Le squelette du Liban est formé de calcaire dur et blanchâtre, sous lequel apparaît le grès nubien. Le relief du sol s'accentue à mesure que l'on remonte vers le nord. Dans le coude à angle droit que dessine le Litani avant de se diriger vers l'ouest et de former la limite méridionale du Liban, se dresse, à six cent soixante-dix mètres au-dessus du niveau de la mer, le pic escarpé de *Kala'at-ech-Chékif*, couronné d'un château-fort en ruines qui date de l'époque des Croisades et qui était connu sous le nom de Belfort ou Beaufort. Plus au nord sont situés le mont *Germak* et le mont *Rihann*. A peu près sous la latitude de Saïda et à quelque vingt-quatre kilomètres de cette ville à vol d'oiseau, vers l'est, se profilent à l'horizon les deux monts jumeaux de *Taoumat-Niha* (mille huit cent cinquante mètres d'élévation), qui font partie de la chaîne de *Gebel-Niha* et servaient dans l'antiquité de repère aux navigateurs. La chaîne de Gebel-Niha est prolongée au nord par celle de *Gebel-el-Barouk*, dont la cime la plus haute dépasse deux mille mètres.

Entre le Gebel-el-Barouk et la chaîne du *Gebel-el-Kéneiça*, qui a son point culminant à deux mille trente-deux mètres de hauteur, s'ouvre le col de *Dahr-el-Baïdar*, qui, à l'altitude de mille cinq cent quarante-deux mètres, livre passage à la route carrossable et à la ligne de chemin de fer entre Beyrouth et Damas. Dans le Liban central, on remarque, à trente-cinq kilomètres à l'est de Beyrouth, le mont *Sanninn* (deux mille six cent huit mètres), qui affecte une forme presque triangulaire, et, plus au nord, la chaîne de *Gebel-el-Mouneitra* (deux mille neuf cent onze mètres), puis le massif de *Gebel-Makmal*, dont les sommets les plus hauts sont le *Dahr-el-Kadib* (trois mille soixante-trois mètres) et les monts *Foumm-el-Mizab* et *Makmal*, qui ne lui cèdent guère en élévation. Sur une des pentes de ce massif est situé, à mille neuf cent vingt-cinq mètres d'altitude, le fameux *bois de cèdres*, qui groupe près de quatre cents individus et qui est un des rares vestiges des vastes forêts de cette essence qui couvraient autrefois le Liban. Deux de ces arbres mesurent quatorze mètres et demi de circonférence, avec une hauteur de vingt-cinq mètres et sont âgés de trois mille ans. Le massif de *Gebel-Akkar*, dont les derniers contreforts plongent dans la vallée du Nahr-el-Kébir, termine au nord le relief libanais.

La chaîne de l'Anti-Liban court parallèlement à celle du Liban. La longueur des deux chaînes est sensiblement égale. Les principaux sommets de l'Anti-Liban sont, au nord, le *Gebel-Kara*, le *Gebel-Halima* et le *Gebel-Nébi-Baroukh* ; au centre, le *Gebel-ech-Chékif* (deux mille soixante-quinze mètres) ; au sud, le *Gebel-ez-Zabadani* et, en dernier lieu, le massif du *Gebel ech-Cheikh* (Grand-Hermon), dont le point culminant atteint deux mille huit cent soixante mètres. L'Anti-Liban projette ses derniers rameaux du côté de l'est, au delà de Damas (en arabe Demechk-ech-Cham). La masse principale de cette chaîne de montagnes est composée de calcaires ; des roches basaltiques forment en partie le Gebel-ech-Cheikh.

Le littoral libanais présente des découpures peu profondes. Après s'être incurvé pour constituer la baie ouverte de *Jounn-'Akkar*, il s'avance dans la mer en un promontoire sur lequel est bâtie la ville de Tripoli, et dont se détachent plusieurs îlots qui forment ceinture en avant du port. Plus au sud, on rencontre le cap de *Ras-en-Natour*, puis celui du *Ras-ech-Chek'a* (cap Madone et anciennement Theouprosopon), masse rocheuse de plus de deux cent cinquante mètres de hauteur. Puis, après avoir suivi une ligne presque droite sur trente-cinq kilomètres environ, la côte s'échancre en une baie dessinant un demi-cercle de deux kilomètres de rayon, au fond de laquelle s'élève la petite ville de *Jounnieh*. La ville de *Beyrouth* est assise sur un promontoire qui mesure près de dix kilomètres de long sur son côté nord et qui s'arrondit à son extrémité pour continuer la ligne du littoral vers le sud par une courbe peu prononcée. A partir de là jusqu'à l'embouchure du Nahr-el-Kacimieh, on relève de petits saillants et de légères échancrures de la côte, qui ne méritent pas de fixer l'attention.

Le régime des cours d'eau du Liban est généralement torrentueux. La plupart prennent leurs sources à des altitudes élevées, et. comme ils n'ont qu'un trajet restreint, ils présentent de fortes déclivités. En hiver, ils roulent un volume considérable d'eau chargée de limon que la pluie arrache aux flancs dénudés des montagnes et qui va se déposer à leurs embouchures bientôt envasées. En été, plusieurs sont presque à sec ou ne laissent couler qu'un filet d'eau, que les riverains emploient à irriguer leurs terrains ou à mettre en mouvement leur moulin à blé. Aucun des fleuves du Liban n'est navigable.

Contrairement aux autres cours d'eau qui drainent le Liban et qui se rangent dans la catégorie des fleuves côtiers, le *Nahr-el-Litani* (Léontès), connu sur son cours inférieur sous le nom de *Nahr-el-Kacimieh*, a une longueur et un débit assez importants. Il naît sur le versant oriental du massif de Gebel-Makmal, et, après avoir arrosé une partie de la plaine de Ba'albek et traversé la plaine d'El-Beka' dans toute sa longueur, dans la direction du nord-est au sud-ouest, il s'infléchit brusquement vers l'ouest, pour aller se perdre dans la Méditerranée, une trentaine de kilomètres plus loin et à huit kilomètres environ au nord de Sour (l'antique ville de Tyr). Son cours, qui est très sinueux, atteint un développement total de cent quatre-vingt kilomètres environ. Sur ses deux rives, il recueille les eaux de nombreux tributaires, parmi lesquels il y a lieu de citer le *Bardaouni*, qui descend du Sannin et, après avoir arrosé la ville de Zahleh et côtoyé celle de Ma'allaka, va grossir le Litani, non loin de Bar-Elias. Le Litani coule paresseusement à travers les plaines de Ba'albek et d'El-Beka' ; en étalant son lit, puis il s'encaisse profondément, et ses eaux tumultueuses s'ouvrent un passage dans le roc en formant un pont naturel.

Le *Nahr-ez-Zahrani* sort des flancs de la chaîne de Gebel-Niha, à une dizaine de kilomètres à l'est de Gezzinn. Il suit d'abord la direction sud-ouest, en formant un angle aigu, et se jette dans la mer à huit kilomètres environ au sud de Saïda. Ses eaux sont peu abondantes, surtout en été. Sa longueur totale est approximativement de quarante kilomètres.

A cinq kilomètres au sud de Saïda se trouve l'embouchure du *Nahr-el-Aouali* (Bostrenus). Ce cours d'eau jaillit sur la pente occidentale du Gebel-el-Barouk et porte en amont de son confluent avec le *Nahr-Gezzinn* le nom de *Nahr-*

el-Barouk. Ses eaux sont utilisées pour l'irrigation des terrains qui le bordent sur ses deux
rives et des jardins renommés d'orangers et de
citronniers qui couvrent la plaine au milieu
de laquelle est assise la vieille cité phénicienne;
elles servent aussi à son alimentation. De sa
source à la mer, le Nahr-el-Aouali mesure environ quarante-cinq kilomètres.

Le *Nahr-ed-Damour* (Tamyras) prend également sa source sur le versant ouest de la chaîne
de Gebel-el-Barouk. Jusqu'au Gisr-el-Cadi,
pont de la route carrossable de Beyrouth à
Deir-el-Kamar, où il reçoit les eaux de ses
affluents, il est connu sous le nom de *Nahr-
es-Safa*. A quelques kilomètres en amont de ce
pont, sur une éminence qui borde le fleuve à
droite, s'élève le couvent de 'Aïnn-Traz, résidence d'été du patriarche grec catholique. Sur
presque tout son parcours, le Nahr-ed-Damour
coule au fond d'une gorge profonde. Il débouche dans la Méditerranée, à mi-distance entre
Beyrouth et Saïda, après avoir arrosé les riches
plantations de mûriers de Ma'allakat-ed-
Damour. Sa longueur totale est de trente-cinq
kilomètres environ.

Le *Nahr-Beyrouth*, que l'on croit être le
Magoras des Anciens, est formé par la réunion
des deux rivières de *Nahr-Salima* et *Nahr-Ham-*

mana. La première jaillit au pied du Sanninn, vers le sommet méridional du triangle dont ce mont affecte la forme ; la seconde a sa source sur le penchant occidental du Gebel-Kéneiça. Bien que ces deux rivières soient alimentées par plusieurs tributaires, leurs eaux sont si bien utilisées pour l'irrigation que, dans son cours inférieur, le Nahr-Beyrouth est presque desséché en été. L'ensemble du système suit la direction générale de l'ouest, puis, en aval du confluent des deux rivières, le fleuve décrit une ample courbe en s'infléchissant vers le nord, avant de se décharger dans la mer, à deux kilomètres à l'est de Beyrouth. Le parcours des eaux depuis la source du Nahr-Salima jusqu'à l'embouchure du Nahr-Beyrouth est d'une quarantaine de kilomètres. On remarque encore les ruines d'un aqueduc qui enjambait le fleuve à sept kilomètres environ au sud-est de Beyrouth et reliait d'une rive à l'autre les conduits qui alimentaient la ville d'eau potable.

Cet aqueduc, dont la construction est attribuée aux Romains, comprenait trois rangées superposées d'arches et s'élevait à une grande hauteur ; les habitants du pays lui donnaient le nom de *Kanater-Zobeida* (arches de Zénobie). A un kilomètre au nord-ouest du

confluent du Nahr-Salima et du Nahr-Ham-
mana, subsistent encore, à six cent soixante-
dix mètres d'altitude, les ruines du temple
romain de Deir-el-Kal'a.

Malgré son faible débit et son parcours très
restreint, le *Nahr-el-Kalb* (fleuve du Chien,
Lycus des Anciens) est un des fleuves d'Orient
les plus célèbres dans l'histoire des guerres et
des invasions de l'antiquité, principalement à
cause du défilé qui s'ouvre sur sa rive gauche,
vers son embouchure, et que devaient franchir
les armées longeant la côte de Syrie, et des
nombreux combats dont ce défilé fut le théâtre. Non loin de là, sur les parois rocheuses à
pic qui s'élèvent à une grande hauteur des
deux côtés du fleuve, on découvre des sculp-
tures en bas-relief et des inscriptions égyptiennes, assyriennes, grecques et romaines, à
demi-effacées par le temps, et une inscription
française commémorant le passage en ce lieu
du corps expéditionnaire français de Syrie en
1860. On distingue aussi, sur la rive gauche,
les vestiges d'une voie romaine, au-dessus de
la route carrossable actuelle. Un vieil aqueduc,
sur le côté nord de la gorge, sert encore à
amener l'eau qui actionne les moulins du voisinage.

Le Nahr-el-Kalb sort, à neuf kilomètres seulement de son embouchure, de la grotte de *Gi'ita*, qui est si vaste qu'elle n'a pu encore être explorée en entier ; mais il s'enrichit de plusieurs tributaires, entre autres le *Nabe'el-Labann* (source du lait) et le *Nabe'el-Açal* (source du miel), célèbres par la fraîcheur de leurs eaux, d'une température de 4° à 5° centigrades. Ces deux ruisseaux descendent de la croupe de montagne qui unit le Gebel-Sanninn à la chaîne de Gebel-Mouneitra. A peu de distance de sa source, les eaux du Nabe'el-Labann ont creusé sous le roc un pont naturel d'une arche d'une trentaine de mètres d'ouverture sur autant de hauteur et une largeur moyenne de cinq mètres. Les habitants lui ont donné le nom de Gisr-el-Hajar (pont de pierre). A l'ouest et à trois kilomètres environ de cette source, sont situées à mille six cents mètres d'altitude, sur une éminence appelée Fakra, les ruines d'un grand temple phénicien, d'une tour carrée et d'autres édifices.

Les eaux du Nahr-el-Kalb ont été captées un peu en aval de la grotte de Gi'ita pour servir à l'alimentation de la ville de Beyrouth. Après avoir coulé dans un canal à ciel ouvert épousant les méandres du fleuve, elles s'engagent, à quelques centaines de mètres de son embouchure, dans un tunnel creusé dans la masse rocheuse qui l'endigue sur sa rive gauche, pour aboutir à Debayeh où, à deux kilomètres au sud du fleuve, la Société concessionnaire a installé des filtres d'épuration et des pompes puissantes qui refoulent les eaux jusqu'à Beyrouth. Si l'on compte à partir de la source de Nabe'-el-Labann, le trajet parcouru par les eaux du Nahr-el-Kalb n'est pas inférieur à trente kilomètres.

A neuf kilomètres environ au nord, le *Nahr-el-Ma'ameltein* se jette dans la baie de Jounich. C'est un torrent qui roule une grande quantité d'eau en hiver, mais qui est à sec durant la saison chaude. Un pont romain assez bien conservé et construit de gros blocs de pierre équarris, sans ciment, le franchit à quelque cent mètres du bord de la mer.

Encore plus célèbre dans l'antiquité que le Lycus était l'Adonis, le *Nahr-Ibrahim* actuel, que les Phéniciens vénéraient comme un fleuve sacré. Ce cours d'eau sort de la grotte profonde d'*Afka* (l'Aphéca des Anciens), qui s'ouvre dans une paroi de six à sept cents mètres de hauteur sur le versant occidental de la chaîne de Gebel - el - Mouneitra. Dans les environs se trouvent les ruines d'un temple fameux dédié à Vénus, qui était un lieu de pèlerinage très fréquenté et que l'empereur

Constantin fit détruire pour mettre un terme à la débauche éhontée qui s'y pratiquait. L'on croit généralement que les sources de la grotte d'Afka sont alimentées par les eaux du lac *Yammouneh*, qui est situé sur le versant oriental de la chaîne de Gebel-el-Mouneïtra, à mille trois cent soixante-quinze mètres d'altitude, au fond d'un cirque de montagnes. Ce lac, qui a deux kilomètres de long sur un kilomètre et demi de large, est distant de douze kilomètres a vol d'oiseau de la côte d'Afka, et comme la dénivellation entre ces deux points atteint cent cinquante mètres, les eaux du lac se seraient ouvert un passage à travers la montagne qui les sépare et qui renferme de nombreuses cavités.

A quelques kilomètres au-dessous d'Afka, vers l'ouest, le Nahr-Ibrahim est grossi du tribut d'un affluent qui descend aussi des pentes de Gebel-el-Mouneïtra, et dont les eaux ont creusé dans le roc un pont cintré sur lequel les voyageurs franchissent la vallée entre Afka et le bourg d'Akoura. Après avoir reçu d'autres affluents, le Nahr-Ibrahim atteint un débit abondant ; mais comme il est profondément encaissé entre de hautes montagnes, l'agriculture profite peu de ses eaux. Il existe encore un aqueduc en ruines que les Romains avaient construit pour capter ses eaux au profit de la ville de Gebaïl. Le parcours total du Nahr-Ibrahim, depuis la grotte d'Afka jusqu'à son embouchure, à six kilomètres au sud de cette ville, est d'une trentaine de kilomètres.

Le *Nahr-el-Joz* tire son nom des noyers qui abondent dans sa vallée. Il prend sa source au nord de la chaîne de Gebel-el-Mouneitra et coule dans la direction ouest-nord-ouest. Après un trajet de trente-cinq kilomètres environ, il se jette dans la mer à moins d'un kilomètre au nord d'El-Batrounn (l'antique Botrys). Ses eaux servent à irriguer les terrains qui le bordent et les plantations qui avoisinent cette ville. En été, son lit est presque desséché vers son embouchure.

Le *Nahr-Kadicha* (le fleuve saint), après avoir pris naissance au pied d'un rameau du massif de Gebel-Makmal qui porte le bois de cèdres, roule ses eaux écumantes au fond d'une gorge étroite et sauvage dont les parois montent verticalement à plus de cinq cents mètres de hauteur et sont percées de nombreuses grottes autrefois habitées par des anachorètes. Le couvent de Kannoubinn, qui fut la résidence des patriarches maronites depuis le xve siècle jusqu'à la moitié du xixe, est construit contre la paroi septentrionale, à plusieurs centaines de mètres au-dessus du fond de la vallée. Une partie de ce couvent est creusée dans le roc. Le Nahr-Kadicha suit d'abord la direction de l'ouest, puis s'incurve en une large courbe, à l'extrémité de laquelle il s'alimente de plusieurs affluents qui grossissent considérablement le volume de ses eaux. Il s'incline ensuite vers le nord-ouest et, après avoir traversé la ville de Tripoli, il trouve son issue dans la mer à deux kilomètres au nord de cette ville et à trois kilomètres à l'est de l'agglomération d'El-Mina, qui sert de port à Tripoli. Dans sa partie inférieure, le Nahr-Kadicha porte le nom de *Nahr-Abou-Ali*.

Il y a peu à dire du *Nahr-el-Bared* (le Bruttus), du *Nahr-'Arka* et du *Nahr-'Akkar*, qui, tous trois, sortent du versant occidental du massif de Gebel-'Akkar et dont le parcours est respectivement de trente-deux, trente et trente-six kilomètres environ. Ces cours d'eau irriguent la plaine fertile conquise sur la mer par leurs alluvions et qui s'étend de Tripoli au Nahr-el-Kébir.

Deux rivières constituent, par leur réunion, le *Nahr-el-Kébir* (le grand fleuve, l'Eleutherus des Anciens) : la première sort des pentes orientales de la chaîne de Gebel-en-Nouçaïrieh et suit la direction nord-sud ; la seconde prend sa source sur les pentes orientales du massif de Gebel-'Akkar et coule du sud au nord en décrivant une vaste courbe. A partir de leur confluent, le Nahr-el-Kébir s'infléchit vers l'ouest, et sa vallée forme la limite septentrionale de la chaîne du Liban. Le Nahr-el-Kébir est un des plus puissants cours d'eau qui drainent le bassin libanais ; il sert à irriguer la plaine alluviale qui s'étend le long de la côte, jusqu'au pied du Gebel-en-Nouçaïrieh. Sa vallée forme la meilleure voie d'accès de la côte vers la Syrie centrale.

Au système hydrographique du Liban se rattachent le Nahr-el-Aci et le Jourdain.

Le *Nahr-el-Aci* (Oronte) sort des pentes occidentales de l'Anti-Liban, un peu au nord de Ba'albek, et arrose la plaine au milieu de laquelle est assise cette ville. Après avoir coulé du sud-ouest au nord-est, il forme le *lac de Homs*, puis se redresse vers le nord pour traverser la plaine fertile qui environne la ville de même nom (l'ancienne Emèse), en laissant celle-ci à droite. Il décrit ensuite une double courbe, au milieu de laquelle s'élève la ville de Hama (anciennement Enath, Epiphania), et reprend la direction du nord, en s'étalant en une longue suite de marécages, sur la lisière desquels ont aperçoit le village de Kala'at-el-

Moudik, l'Apamée des Grecs, l'Afamia des Arabes. Il s'arrondit en une large boucle avant de passer au milieu de la ville d'Antioche (Antakieh en arabe), et, changeant de direction vers le sud-ouest, débouche dans la Méditerranée, à quelques kilomètres au sud de l'ancienne Séleucie de Syrie, non loin de la ville d'Es-Soueidïa. En amont d'Antioche, le Nahr-el-Aci reçoit les eaux de l'*Ak-Diniz*, qui sert d'émissaire au *lac d'Antioche*, alimenté lui-même par les rivières *'Afrinn* et *Kara-Sou*. Le Nahr-el-Aci est le fleuve le plus considérable de Syrie ; son parcours total est de plus de quatre cents kilomètres.

Le *Jourdain* (Nahr-el-Erdounn) a trois sources qui naissent sur le versant occidental du Gebel-ech-Cheikh : ce sont *En-Nahr-el-Hasbani*, qui constitue le Jourdain supérieur et tire son nom de la petite ville de Hasbaya près de laquelle il jaillit ; le *Nahr-Banias* qui sourd d'une paroi de roche au pied de la citadelle qui domine le village de Banias, l'ancienne Cesarea Philippi, et *En-Nahr-e-Ledani*, la plus courte et de beaucoup la plus abondante des trois rivières qui forment le Jourdain. Ce fleuve coule du nord au sud, traverse d'abord le petit *lac d'El-Houleh*, l'ancien Mérom, puis tombe dans la dépression du *lac de Tibériade*, appelé

aussi lac de Génésareth et en arabe Bahr-Taba-
raya, nappe d'eau située à deux cent huit
mètres au-dessous du niveau de la mer Méditerranée et d'une longueur de vingt-sept kilomètres sur près de dix kilomètres de large. Le
cours du Jourdain devient alors très sinueux,
et, après avoir franchi une distance de cent
cinq kilomètres calculés en ligne droite, il se
perd dans la *mer Morte* ou lac Asphaltite, en
arabe Bahr-Lout, vaste étendue d'eau forte-
ment salée et chargée de bitume, dont le niveau
est à trois cent quatre-vingt-quatorze mètres
au-dessous de celui de la Méditerranée et qui
mesure soixante-seize kilomètres de long et
près de seize kilomètres dans sa plus grande
largeur. Le trajet total parcouru par le Jourdain est d'environ trois cent cinquante kilomètres.

CHAPITRE II

Climat, faune et flore

Le Liban jouit d'un climat tempéré ; l'air y est sain et vivifiant. Sur la côte et jusqu'à l'altitude de sept à huit cents mètres, le thermomètre ne monte pas au delà de 34° ou 35° centigrades et ne tombe que rarement au-dessous de zéro. A mesure que l'altitude s'élève, le froid devient, en hiver, de plus en plus intense et le penchant des montagnes se couvre d'un manteau de neige d'une blancheur immaculée. Cependant les plus hauts sommets n'atteignent pas la limite que la nature a assignée aux neiges perpétuelles sous cette latitude. On rencontre bien, même au plus fort de l'été, quelques champs de neige sur les pics les plus élevés ; mais cette neige ne subsiste toute l'année que parce qu'elle s'est amassée dans des replis de terrain où elle est peu exposée aux ardeurs du soleil.

La fraîcheur de la température en été attire au Liban de nombreux habitants des villes de la côte et d'Egypte, qui viennent passer les mois les plus chauds de l'année sur les sommets et les pentes de moyenne altitude. Des stations estivales se sont créées çà et là, d'où la vue embrasse un panorama admirable : d'un côté, la mer et les dentelures du rivage, les vergers et les plantations de mûriers et d'oliviers, et, de l'autre, des vallées fertiles, des sites pittoresques et des gorges sauvages où l'eau écume en bondissant sur les rochers. En hiver, la baie du Jounich peut rivaliser, par la douceur du climat, avec les stations les plus fréquentées d'Europe, telles que la Côte d'Azur et le golfe de Naples.

Les pluies sont abondantes en automne et en hiver et alimentent les sources qui jaillissent de tous côtés sur les flancs et au pied des montagnes et dont les eaux sont captées pour l'irrigation des plantations de mûriers, des cultures maraîchères et des jardins, ou se réunissent pour donner naissance aux nombreux cours d'eau qui sillonnent le Liban. La quantité de pluie qui tombe annuellement est d'un mètre environ. Pendant la saison chaude, le ciel reste d'une sérénité inaltérable, et il est très rare qu'un orage éclate ou qu'une ondée se déverse. On observe cependant, à une certaine altitude, des brouillards, le matin et le soir, durant une partie de l'année, sur quelques pentes de montagnes regardant la mer. La nuit, la rosée est abondante partout et humecte les plantes desséchées par la chaleur brûlante du soleil.

Le vent du nord en hiver est glacial. Lorsque la brise vient de la mer, durant la saison chaude, elle rafraîchit l'atmosphère, mais en la saturant d'humidité. Parfois, le vent du désert, le siroco, souffle pendant plusieurs jours : la température devient alors suffocante et l'air est chargé de poussière fine.

La faune du Liban est celle de l'Europe du sud et de l'Afrique du nord. Les *insectivores* sont représentés par le hérisson, la taupe et la chauve-souris ; les *rongeurs*, par l'écureuil, le rat et le lièvre ; les *herbivores*, par le chevreuil, la gazelle et le sanglier ; les *carnivores*, par la belette, le furet, le blaireau, le renard, le chacal, l'hyène, le loup, l'ours et la panthère ; les *reptiles*, par la tortue, le lézard, le caméléon, la couleuvre et la vipère. Les *oiseaux rapaces* sont l'aigle, le vautour, le milan, le faucon, la chouette et le corbeau. Parmi les *oiseaux aquatiques*, on peut citer le héron, l'outarde et la bécasse, et parmi *ceux des champs*, l'alouette, le moineau, le verdier, le bouvreuil, le bec-figue, le chardonneret, le guêpier, la tourterelle, la grive, la poule d'eau, la perdrix, la cigogne et la caille qui, aux premiers froids, émigre d'Europe en traversant la mer. Le hibou est commun dans les ruines et les cavernes.

Le cheval, le mulet, l'âne, le chameau, le bœuf, le mouton, la chèvre, le cochon, le chien et le chat représentent les *animaux domestiques*, et la *basse-cour* comprend la poule, l'oie, le canard, le dindon, la pintade, le pigeon et le lapin. Parmi les *insectes*, on distingue le moustique, le hanneton, le scarabée, la guêpe, le bourdon et diverses variétés de papillons. Mention doit être faite des abeilles, qui donnent un miel très estimé, et des sauterelles qui, parfois, viennent du désert en nuées épaisses et dévorent jusqu'au moindre brin de verdure dans les champs et les bois sur lesquels ils s'abattent. L'élève du ver à soie est la principale industrie des gens de campagne. Les araignées, les mille-pieds et les scorpions sont communs.

La mer, qui baigne le littoral libanais, nourrit toutes les variétés de *poissons* qui fréquentent la côte méditerranéenne de France :

le turbot, le rouget, le mulet, la sole, la langouste, la crevette, le crabe, l'oursin, etc. On pêche l'*éponge* sur la côte, entre Tripoli et Gebaïl. Les cours d'eau sont peuplés de brochets, de carpes, de goujons et d'anguilles. Les mares retentissent du coassement des grenouilles.

LA FLORE DU LIBAN est variée : on y voit ensemble la végétation des contrées tempérées et celle de la zone chaude. L'anémone, le coquelicot, le bleuet et la marguerite émaillant les *prairies*. On cultive dans les *jardins* le lis, la tubéreuse, le jasmin, le chèvrefeuille, le basilic, le tournesol, la jacinthe, le dahlia, le narcisse, la violette, la guimauve, la rose, le camélia, l'œillet, la verveine, la pivoine, la tulipe, le pavot et le nyctanthe. Parmi les *arbrisseaux*, on compte l'aubépine, le myrte, le laurier-rose, le genêt, le tamaris, l'églantier et le houx. Les *arbres* et *arbustes fruitiers* comprennent le poirier, le pommier, le cognassier, le pêcher, l'abricotier, le cerisier, le prunier, le néflier, le noyer, le noisetier, l'amandier, le figuier, le grenadier, la vigne, le fraisier, l'oranger, le mandarinier, le citronnier, le cédratier, le caroubier, le sycomore, le jujubier, le figuier de Barbarie, le pistachier, le châtaigner, le dattier, l'anoue et le bananier. Dans les forêts autour des habitations, le long des routes et sur le bord des cours d'eau, l'on trouve le cèdre, le chêne, l'yeuse, l'alisier, le pin, le sapin, le laurier, l'if, le cyprès, le lilas de Perse, le genévrier, l'acacia, le hêtre, l'orme, le tilleul, le saule, le peuplier et le platane. Le mûrier et l'olivier sont cultivés partout, sauf aux hautes altitudes.

Les *céréales* sont le blé, l'orge, l'avoine et le maïs. On cultive la pomme de terre, la colocase, la betterave, le navet, la bamia (corne grecque), la carotte, le haricot, la lentille, le pois, la fève, le cumin et la menthe. Les *plantes industrielles* comprennent le tabac, le coton, le lin, le chanvre, le henné et le safran. Parmi les *plantes fourragères*, on trouve le trèfle, la luzerne et la vesce. Le *potager* fournit le chou, le chou-fleur, la laitue, la chicorée, le cresson, le pourpier, le persil, l'asperge, l'artichaut, l'épinard, l'oignon, l'ail, le poireau, le radis, la tomate, l'aubergine, le melon, la pastèque, la courge et le concombre. On rencontre des plantations de cannes à sucre dans le voisinage des embouchures des fleuves, où l'eau est abondante.

CHAPITRE III

Agriculture, industrie
et commerce

Le sol des montagnes du Liban est peu propre à la culture. Les coteaux sont ravinés par les pluies, qui entraînent la mince couche de terre végétale au fond des vallées et vers les embouchures des fleuves, mettant à nu la roche sous-jacente. C'est avec les apports des cours d'eau du Liban que se sont formées les riches plaines d'El-Beka' et de Ba'albeck, ainsi que celles qui s'étendent le long du littoral et au milieu desquelles sont assises les villes de Tripoli, de Beyrouth et de Saïda. Le paysan laborieux se livre à un travail opiniâtre pour désagréger le roc, dont les débris lui servent à contruire des terrasses qu'il recouvre de terre rapportée parfois d'assez loin et qu'il plante de mûriers, de vignes, d'oliviers, de figuiers ou d'autres arbres fruitiers. Sur toutes les pentes, l'on aperçoit ces terrasses qui s'étagent depuis le lit des fleuves et des ruisseaux jusqu'à plus de quinze cents mètres d'altitude, et qui témoignent de l'énergie patiente d'un peuple que la nature ingrate contraint à créer lui-même le champ dont il tirera sa substance.

L'Agronomie est encore à l'état rudimentaire au Liban : les *procédés de culture* sont ceux des premiers âges, et ont été transmis de génération en génération, sans aucun des perfectionnements que la science moderne y a introduits. Le *matériel aratoire* est des plus primitifs. La *charrue* se compose d'un timon faisant corps avec le manche et la dentale, pièce de bois courte et aiguë sur laquelle est fixé un soc en fer. Cet araire, presque identique à celui des Phéniciens, déchire péniblement le sol sans le retourner et sans lui donner l'aération nécessaire. Cependant, en raison de sa simplicité, de sa solidité et de sa légèreté, c'est peut-être celui qui répond le mieux aux exigences du labour sur les pentes rocheuses et très inclinées.

La *batteuse* consiste en une planche d'un mètre et demi de long sur un mètre de largeur environ, légèrement recourbée à ses extrémités et munie sur sa face intérieure de clous à large tête ou de cailloux. Cette machine sur laquelle s'assoit le conducteur, généralement un enfant, et qui est traînée par un cheval ou un bœuf, décrit des cercles sur l'aire où sont étendues les gerbes et, par l'effet du poids, dégage le grain et brise la paille. Le mélange est ensuite projeté en l'air avec des fourches : la paille est entraînée par le vent un peu plus loin, pendant que le grain, plus lourd, retombe sur place.

Le seul *engrais* employé est le fumier de bœuf, de cheval, de mouton et de chèvre. On le réserve pour les mûriers, les oliviers, les arbres à fruits, les vignobles, les jardins et les cultures maraîchères. Les terres ensemencées en blé ou en orge ne sont pas fumées. Les engrais chimiques sont presque inconnus.

L'assolement n'est guère en usage au Liban. Les céréales sont cultivées sur la même sole jusqu'à ce que la terre indique, par la diminution du rendement, qu'elle s'épuise. On la laisse alors en jachère le temps suffisant pour qu'elle récupère sa fertilité première. C'est le mode de culture extensive pratiqué par les peuples primitifs et qui doit être attribué, dans ce pays, au fait que les meilleures terres sont consacrées aux plantations d'arbres industriels ou fruitiers, qui occupent le sol en permanence, et que les terres affectées aux céréales sont, en général, pauvres et exploitées avec le minimum de frais.

Le *blé*, qui forme la base de l'alimentation, et l'orge qui, avec la paille, sert à la nourriture des bêtes de selle et de somme, sont cultivés partout où un peu de terre végétale entre les roches donne l'espoir d'une maigre récolte. Mais la production de ces deux graminées est insuffisante aux besoins de la consommation, de sorte qu'il est nécessaire d'en importer de grandes quantités des plaines d'El-Beka', de Ba'albek et de Houran, qui furent les greniers de l'empire romain. Le bétail est nourri de paille, de vesce et de feuilles de mûrier. Les prairies créées et entretenues par le travail de l'homme pour la production du fourrage n'existent pas au Liban.

Le blé est semé à la volée. Depuis les semailles jusqu'à la moisson, nul soin n'est donné à cette culture. La coupe se fait de mai à septembre suivant l'altitude. On y emploie la faucille ; la faux est peu usitée, et la moissonneuse mécanique est inconnue. Le blé sert à la fabrication du pain. On le concasse aussi à la meule, après l'avoir bouilli et séché, pour en faire une sorte de semoule à gros grains appelée *borghol*, qui, pilée avec de la viande de mouton dans un grand mortier de pierre, sert à confectionner la « koubeiba » ou « koubbeh », plat national du libanais et du syrien en général. Macéré pendant une dizaine de jours dans le lait caillé, puis séché et moulu, le borghol devient du « kichk » dont tous les ménages font provision.

A part les céréales, les principales cultures sont, d'après la valeur de leur produit,, celles du mûrier, de l'olivier, de la vigne et du tabac. Puis viennent le noyer, le figuier, l'oranger et le citronnier.

On cultive deux espèces de mûrier au Liban. Le *mûrier noir*, recherché pour ses fruits seulement, est un arbre à la forme arrondie, qui atteint une hauteur de sept à huit mètres et donne un bel ombrage. On le trouve généralement isolé, dans les champs et les jardins et aux alentours des habitations. Sa baie, d'un rouge noirâtre, possède une saveur acidulée très agréable. On en fait un sirop rafraîchissant. Le bois de ce mûrier est employé pour la menuiserie et le charronnage.

Le *mûrier blanc* est l'arbre le plus répandu au Liban. Il est généralement plus petit que le précédent, et sa baie, de couleur blanchâtre, a une saveur sucrée. Ses feuilles, tendres et abondantes, servent à nourrir le ver à soie durant le mois d'avril ; elles repoussent en octobre et sont alors données au bétail, soit vertes, soit séchées au soleil pour la consom- vertes, soit séchées au soleil pour la consomma- tion de l'hiver. Son bois est préféré à celui du mûrier noir pour les travaux de menuiserie.

L'*olivier* atteint un développement considé- rable. Sa croissance est lente, mais il devient plusieurs fois centenaire. Il est sensible au froid et ne prospère pas aux altitudes élevées. On utilise son bois pour la marqueterie et l'ébénisterie de luxe. Les olives du Liban ont un goût agréable, et il s'en est fait une grande consommation. On en tire de la bonne *huile* comestible, qui serait encore plus pure et en quantité plus considérable, si, pour son extrac- tion, l'on utilisait des machines plus perfec- tionnées que l'antique pressoir ancestral. Les plantations d'oliviers sont nombreuses, quel- ques-unes constituent de véritables forêts. Les principales sont : celle de Choueifat, à quelque une longueur de sept kilomètres et une lar- geur de trois kilomètres ; l'olivette de Moukh- tara, sur la rive gauche du Nahr-el-Barouk, au sud-est de Deir-el-Kamar, qui ne le cède pas à la précédente en dimensions, mais où les mûriers et les arbres fruitiers se mêlent aux oliviers ; celle d'El-Koura, non loin de Tripoli, qui mesure cinq kilomètres de long sur un kilomètre de large.

La culture de la *vigne* ne se fait pas suivant les procédés scientifiques : la méthode employée est celle qui était connue dans les âges les plus reculés. Les ceps sont généralement plantés au bord des terrasses, sur des coteaux bien exposés au soleil, et les sarments rampent en liberté sur le sol. Ce n'est que dans les jardins et autour des habitations que les vignes sont superposées par des échalas ou relevées en berceaux. Il existe de nombreuses variétés de cet arbuste, qui donnent d'excellent raisin pour la table et pour la fabrication du raisin sec, du vin, du vinaigre, de l'eau-de-vie et du dibs (moût auquel la cuisson donne la consistance d'un sirop épais). Les vins les plus renommés sont ceux de Chtaoura, de Zahleh et de Bikfaya ; le vin d'or du Liban est célèbre. Les meilleures *eaux-de-vie* sont celles de Zouk et de Zahleh. Le raisin commence à mûrir dans la plaine vers la fin du mois de juillet ; mais sur les sommets et les hautes pentes des montagnes, où la vigne réussit jusqu'à l'altitude de mille cinq cents mètres, les vendanges sont tardives et ne se terminent qu'en octobre.

Le *tabac libanais*, principalement celui du

pays de Gebaïl, était très apprécié, il y a une trentaine d'années. Il en était fait une grande consommation en Syrie, et il faisait l'objet d'un commerce important d'exportation en Egypte. Depuis que les cigarettes égyptiennes et celles de la régie ottomane ont acquis une grande vogue, la culture du tabac a été négligée au Liban. Mais, durant ces dernières années, elle s'est relevée et est redevenue relativement prospère.

Les forêts. — Dans l'antiquité, le Liban était couvert de forêts épaisses, où erraient les lions, les tigres et d'autres grands fauves. On y chassait l'aurochs (le bœuf sauvage) et probablement aussi l'éléphant. Le cèdre y prédominait ; les autres essences étaient le chêne, l'yeuse, le pin, le sapin, le cyprès, etc. Les Assyriens, les Babyloniens, les Egyptiens et les Israélites tiraient de ces forêts les bois nécessaires à la construction de leurs temples et de leurs palais. Les habitants du pays, peu nombreux, vivaient du produit de la coupe du bois. Au fur et à mesure qu'elle augmenta, la population se mit à défricher la forêt pour semer le blé et planter la vigne et l'olivier. On abattit aussi d'innombrables arbres pour construire des navires de guerre et de commerce, fondre le minerai de fer et fabriquer de la chaux. Plus tard, le mûrier fut introduit au Liban, et les essences forestières durent faire place à cet arbre, dont la culture donne un revenu supérieur. A toutes ces causes de déboisement viennent s'ajouter l'action néfaste des chèvres, qui broutent avec avidité les jeunes pousses, et l'incurie des habitants qui négligent de remplacer les arbres abattus ou détruits. C'est ainsi que le Liban, qui apparaissait autrefois revêtu d'un riche manteau de verdure, ne présente plus, à une certaine altitude, que des sommets rocheux et des pentes dénudées.

L'existence de vastes forêts exerçait une influence bienfaisante sur la quantité des pluies, leur régularité et leur répartition uniforme sur toute la région ; le débit des sources était plus abondant et plus égal, et les fleuves roulaient un volume d'eau plus considérable. Un des effets les plus funestes du déboisement, c'est l'appauvrissement du sol : les eaux des pluies, n'étant plus retenues par les feuilles et les racines des arbres, se précipitent le long des pentes, entraînant la couche de terre végétale au fond des vallées, et vont enfler les ruisseaux et les rivières, qu'elles transforment en torrents dévastateurs.

Les peuplements forestiers n'ont pas entièrement disparu des cimes et des pentes du Liban. Outre le célèbre bois de cèdres, au-dessous duquel le Nahr--Kadicha prend sa source, dans le massif de Gebel-Makmal, il existe trois forêts de cette essence, moins connues, mais bien plus vastes, dont l'une est située à une dizaine de kilomètres à l'ouest de la précédente et mesure environ six kilomètres de longueur ; la seconde, plus au nord, s'étend aux environs des sources de Nahr-el-Bared, sur le versant occidental du même massif, et la troisième couvre la chaîne de Gebel-el-Barouk, sur une longueur de quatre kilomètres. On trouve aussi des forêts de chênes et de sapins sur les pentes orientales des massifs de Gebel-'Akkar et de Gebel-Makmal jusqu'aux rives du Nahr-el-Aci, et quelques forêts de pins de peu d'étendue dans le Liban central, ainsi qu'aux environs de Beyrouth et sur les bords du Nahr-es-Safa et du Nahr-el-Barouk.

Dans les vallées de l'Anti-Liban croissent de nombreux peupliers et platanes. Le Gebel-ech-Cheikh est boisé, principalement sur ses pentes inférieures.

L'INDUSTRIE est peu développée au Liban. Une grande partie de la population en dehors des villes s'adonne à l'élève du ver à soie. Il n'existe pas de *magnaneries* sur le modèle de celles que l'on voit en Europe ; les habitations des villageois et des huttes de branchages en tiennent lieu. Çà et là, sur le flanc d'une colline, dans la plaine ou aux portes d'une ville, l'on aperçoit une *filature*, où l'on dévide le cocon de ver à soie, et qui occupe de nombreux ouvriers des deux sexes. Une grande partie du fil de soie est exportée en France ; le reste est tissé dans le pays.

Il existe des *métiers* à main pour la fabrication d'étoffes de soie unie et à dessins et d'une colonnade appelée « *dima* ». La petite ville de *Zouk* est renommée pour ses tapisseries et ses foulards (koufiehs) de soie brochée d'or et d'argent. Non loin de Tripoli, on manufacture des tapis de laine.

Beyrouth produit de l'*orfèvrerie*, de la *tabletterie* et des meubles de *bois sculpté* ou incrusté de nacre. A Beyrouth et à Saïda on confectionne des *jarres*, des *cruches*, des *gargoulettes* et autres ustensiles en poterie. La fabrication des *cloches* est la spécialité d'une famille de Beit-Chabab, qui en garde jalousement le secret. Des *savonneries* sont établies à Tripoli et à Beyrouth, et des *moulins à vapeur* fonctionnent dans cette dernière ville et à Jounieh. La *pêche de l'éponge* se pratique sur la côte, entre Tripoli et Gebaïl. Dans les villes et villages du littoral, on construit des *barques* pour la pêche et des *navires à voile* de petit tonnage pour le cabotage. La *grande industrie* est inexistante. La *petite industrie* occupe le charpentier, le menuisier, le charron, le forgeron, le ferblantier, le teinturier, le tanneur, le corroyeur, le cordonnier, le maçon, etc. Dans les terres hautes, on fabrique un *fromage blanc* très apprécié, ainsi qu'une sorte de fromage fermenté à pâte molle, appelé « Karicha », et un caillé « labané », que l'on obtient en faisant égoutter du lait coagulé.

Les *combustibles* minéraux ne sont pas abondants au Liban. La houille manque totalement. On rencontre dans la province d'El-Matn, au centre du pays, des gisements de lignite qu'exploitent de façon primitive quelques propriétaires de filatures voisines pour les besoins de leur industrie. On extrait aussi, aux environs de Gezzinn dans le Liban méridional des quantités peu considérables d'une bonne qualité de ce combustible, dont les couches, à certains endroits, affleurent à la surface du sol. L'exploitation de ces mines serait peut-être rémunératrice, si elles étaient reliées à la côte par des voies ferrées, ou, tout au moins, par un réseau de routes carrossables bien entretenues, et si l'on employait des méthodes scientifiques d'extraction et un matériel perfectionné. Actuellement les transports se font, le plus souvent, à dos de mulet, ce qui grève lourdement le prix de revient du combustible minéral libanais, et ne lui permet pas, même à qualité égale, de soutenir la concurrence avec les houilles étrangères. On a constaté la présence de couches de *schiste bitumeux* sur quelques points.

On trouve de nombreux *gisements de fer* au Liban et particulièrement dans sa partie centrale. Autrefois, on faisait l'extraction de ce minerai, et le combustible employé pour le fondre était le bois tiré des forêts, ce qui contribua beaucoup au déboisement. Le fer obtenu était renommé pour sa malléabilité et donnait, par la trempe, d'excellents aciers, Aujourd'hui, l'exploitation des mines de fer est abandonnée, faute de combustible. Les autres métaux sont rares.

La *pierre de construction* est très commune. Sur les montagnes, elle est de calcaire dur, à cassure vitreuse, d'un blanc terne auquel une longue exposition au soleil communique une nuance dorée. Le long de la côte et sur les pentes avoisinantes, prédomine la pierre sableuse, de couleur jaunâtre, excellente pour la construction, friable lorsqu'elle est d'extraction récente, mais se durcissant à l'air. On trouve diverses variétés de pierres qui servent à faire des colonnes, des meules, des dalles, des revêtements, des seuils, des chambranles, des linteaux et des escaliers. Il existe dans le nord des *carrières* d'un *marbre* qui peut acquérir un beau poli. La pierre de construction commence d'être exportée en Egypte, où elle est peu abondante.

L'industrie des transports s'exerce sur deux *lignes de chemins de fer* à une seule voie étroite. La première ligne, qui relie Beyrouth à Damas, traverse le Liban dans toute sa largeur, et atteint, à Dahr-el-Baïdar, le point culminant de son tracé, à l'altitude de 1.542 mètres. Elle franchit ensuite la plaine d'El-Beka' et l'Anti-Liban, avant d'arriver à Damas. Dans la traversée du Liban, la ligne est à crémaillère sur un trajet de 32 kilomèrtes. Sa longueur totale est de 147 kilomètres. Un embranchement part de Rayat dans la plaine d'El-Beka', passe à Ba'albek, à Homs, à Hama et aboutit à Alep. le trajet est de 332 kilomètres.

La seconde ligne est celle de Tripoli à Homs ; elle est de construction assez récente et mesure 103 kilomètres.

Un tramway à vapeur dessert la côte, sur une longueur de 19 kilomètres, entre Beyrouth et l'embouchure du Nahr-el-Ma'ameltein, au fond de la baie de Jounieh.

Le *réseau des routes carrossables* comprend la belle route de Beyrouth à Damas, d'une longueur de 112 kilomètres, sur laquelle était établi, avant la construction du chemin de fer entre ces deux villes, un service de messagerie pour les voyageurs et les marchandises ; la route côtière de Saïda à Tripoli, par Beyrouth ; celle de Tripoli à Homs, et plusieurs autres routes qui s'embranchent sur les deux premières et dont les principales sont : celle de Saïda à Deir-el-Kamar, par Gezzinn et Moukhtara ; celle de Beyrouth à Deir-el-Kamar, par Ma'allakat-ed-Damour ; la route circulaire de Beyrouth, El-Hadeth, Eich-Choucifat, Deir-el-Kamar, El-Barouk, 'Ain Zehalta, Hamanah, Ba'abdat, Beit-Meri et Beyrouth ; la route de Hazmieh à Ba'abda et Jamhour ; celle de Beyrouth à Zahleh par Antelias et Bikfaya ; celle de Jounieh, Ghousta, Reifounn et Roumïeh ; la route de Chekka, Amiounn et Hasrounn, qui se rattache à celle de Bécharri à Tripoli, par Ehden et Zegharta.

Ces routes ont, en général, 6 mètres de largeur, et sauf en ce qui concerne celle de

Beyrouth à Damas, dont la construction est très soignée, le devis de ces routes a été établi avec une parcimonie excessive. Aussi le tracé en est-il défectueux : pour éviter un passage difficile ou un ouvrage d'art coûteux, les lacets se multiplient et s'étagent quelquefois sur tout le penchant d'une colline ; les tournants ont des rayons très courts, de sorte qu'une voiture, dévalant une côte, est obligée de prendre le pas à proximité d'un coude de la route, sous peine d'être précipitée dans la vallée. Les murs de soutènement, parfois assez élevés, sont en pierre sèche, et il n'est pas rare d'y voir se produire des éboulements à la suite d'une forte pluie. Le parapet, formé de grosses pierres posées sans ciment sur le bord de la chaussée, ne présente pas de garanties de sécurité suffisante aux points où la voie côtoie des ravins.

Tel qu'il est, le réseau routier est loin de suffire aux besoins des communications, et de nombreux villages ne sont reliés entre eux et avec le littoral que par des pistes raboteuses, étroites, escarpées, sinueuses et souvent bordées de profonds précipices. Le mulet et l'âne sont les seules bêtes de somme qui aient le pied assez sûr pour s'engager, chargées de fardeaux, sur ces sentiers dangereux. Souvent un seul mouere (muletier) conduit plusieurs de ces animaux ; mais il a tant de confiance dans la sagacité avec laquelle ils choisissent l'endroit où ils posent le pied, qu'il les abandonne à eux-mêmes, sans que jamais un faux pas ait causé un accident. On rencontre aussi, sur des chemins plus praticables, de longues files de chameaux transportant le blé du Hourann à quelque bourg perdu dans les montagnes. Le mulet et l'âne servent également de monture, de préférence au cheval, sur les routes difficiles ; mais souvent le voyageur est obligé de mettre pied à terre pour descendre une pente trop abrupte.

Commerce. — Beyrouth centralise presque tout le commerce du Liban et d'une partie de la Syrie avec les pays d'outre-mer. De nombreux bateaux y débarquent des marchandises de toute sorte, qui sont expédiées à Damas, dans les villes et les villages de la côte et de l'intérieur, et repartent chargés des produits du sol et de l'industrie de toute la région. Le mouvement des ports de Tripoli et de Saïda est bien moins important. Les bateaux à vapeur ne visitent pas les autres villes maritimes du Liban, qui ne sont desservies que par des navires à voile faisant le cabotage le long des côtes depuis Alexandrie jusqu'aux îles de l'archipel. Des échanges considérables se font aussi entre le Liban et les pays limitrophes : Palestine, Syrie centrale, territoires de Homs, de Hama, etc.

Les *principaux articles importés* sont les tissus de coton, de laine et de soie, les draps, les velours, les objets d'ameublement, les pianos et autres instruments de musique, les glaces, les porcelaines, la cristallerie et la verrerie, l'horlogerie, la bijouterie, la quincaillerie, les jouets, la papeterie, la parfumerie, les produits pharmaceutiques, les pâtes alimentaires, le sucre, le café, le chocolat, les denrées coloniales, les vins fins, la bière, les liqueurs, le tabac de la régie ottomane, le tombac persan, la houille, le pétrole, les bougies, les machines, les outils, les fers et métaux, les tuiles, etc.

A *l'exportation* s'inscrivent la soie grège, l'huile d'olive, le tabac indigène, le vin, l'eau-de-vie, les oranges, les citrons, le raisin frais et sec, la laine, les éponges, les peaux, le savon, etc.

La *balance du commerce* est loin d'être en faveur du Liban. Les entrées de marchandises étrangères dépassent de beaucoup en valeur les sorties de produits nationaux. L'équilibre était rétabli jusqu'ici par l'argent que dépen-

saient dans le pays les touristes et les voyageurs qui venaient y passer la saison d'été, et
surtout par les sommes considérables que les
Libanais expatriés faisaient parvenir à leurs
parents restés au village natal.

La *monnaie* en usage au Liban est celle de
l'empire ottoman. Elle a pour base la *livre
turque* en or, d'une valeur de 22 fr. 92, et dont
le cours officiel est de 100 piastres au tarif.
La piastre se divise en 40 paras. Le *méjidich*
d'argent, qu'on calcule à 4 fr. 25, vaut 19 piastres et se fractionne en demis et quarts de
méjidich. La plus petite monnaie d'argent est
d'une piastre. Dans le commerce et les transac-
tions journalières, cette monnaie a un autre
cours : la livre turque vaut 124 piastres et 25
paras, la livre anglaise 136 et 30 paras, la pièce
de 20 francs 108 piastres et 30 paras. La valeur
de ces monnaies varie légèrement en plus ou
moins suivant le cours du change. Il existe
aussi des monnaies de billon, où l'argent entre
pour une poportion infime et qui vaut 6 piastres et 5 paras, 3 piastres et 2 1/2 paras,
1 1/2 piastre, 25 paras et 12 1/2 paras. Les
petites pièces de cuivre ont une valeur courante de 2 1/2 paras. Pour faire un compte où
entrent plusieurs des monnaies qui viennent
d'être énumérées, il faut se livrer à des cal-

culs que les habitants mêmes du pays trouvent compliqués. L'étranger se perd dans ce dédale et ne peut que s'en rapporter à la bonne foi de la personne avec laquelle il traite.

L'*unité de poids* est le *ratl* qui équivaut à douze *oukiehs* (onces) et huit cents *dirhems*. 2 kg. 264 et se subdivise en 2 okes, 12 *oukiehs* (onces) et 800 *dirhems*, Le dirhem (la drachme) pèse donc 3 gr. 20. Le *kantar* (quintal) comprend 100 ratls. Les orfèvres emploient le *mitkal* dont le poids est d'un dirhem et demi.

Les *mesures* de longueur sont : la *coudée de commerce* qui équivaut à 0 m. 68712 pour les soieries et à 0 m. 65 pour les cotonnades, et la *coudée d'arpentage* d'une longueur de 0 m. 75855. Pour les *mesures itinéraires*, on emploie la lieue ou heure de marche. Les ingénieurs mesurent les routes au kilomètre. La *mesure agraire* est le *feddam* (arpent), qui représente la superficie que peut labourer une paire de bœufs durant une journée.

Le *moudd* (boisseau) de 18 litres est la *mesure de capacité ;* il se divise en quarts et huitièmes. Six moudds font un *keil* et 72 une *gherara.*

———————

CHAPITRE IV

Esquisse historique

A une époque qui remonte à plus de vingt-cinq siècles avant l'ère chrétienne, les Phéniciens peuplèrent la côte orientale de la Méditerranée depuis l'île d'Arouad (l'Arad des Anciens), au nord, jusqu'au Nahr-en-Na'mann (Belus), qui débouche dans la mer à un kilomètre et demi au sud de Saint-Jean-d'Acre ('Akka en arabe, la Ptolémaïs des Grecs) ; ils pénétrèrent même dans les montagnes voisines. Différentes nations vinrent, dans la suite des temps, s'établir sur ce territoire, après l'avoir subjugué. Des fugitifs, et même des peuplades entières, cherchèrent un refuge dans les vallées et sur les sommets inaccessibles du Liban, pour échapper au fer, à l'esclavage ou aux persécutions. Ces éléments divers se mêlèrent à la population aborigène, avec laquelle ils s'allièrent par des mariages, et c'est de cet amalgame de races que sont sortis les habitants du Mont-Liban et du littoral qui l'avoisine.

Leur histoire dans l'antiquité est donc celle de ce peuple de Phénicie, qui fonda les villes de Sidon, de Byblos, de Tyr, de Beryte, propagea l'alphabet, s'il ne l'inventa, couvrit de ses comptoirs l'Asie occidentale et tout le bassin de la Méditerranée et créa de nombreuses colonies, dont Carthage fut la plus célèbre. Aussi intrépides navigateurs que commerçants habiles, les Phéniciens ne craignirent pas de dépasser les colonnes d'Hercule et de se lancer sur l'Océan ; ils s'établirent sur la côte occidentale d'Espagne, visitèrent les îles Britanniques, entretinrent des relations commerciales avec les Indes par la mer Rouge et firent le tour de l'Afrique. Artisans industrieux, ils tiraient la pourpre du suc des coquillages et excellaient à tisser et à teindre les étoffes de laine et de coton. Ils savaient extraire et travailler les métaux et fabriquaient le verre, les bijoux et les objets de luxe. Les riches forêts du Liban leur fournissaient les bois nécessaires à la construction de leurs innombrables vaisseaux.

Les villes phéniciennes étaient constituées en républiques ou en royaumes indépendants les

uns des autres et pourvus chacun d'un Sénat ;
elles formaient, cependant, entre elles une
sorte de confédération pour la défense de leur
liberté et de feurs intérêts communs. Sidon,
une des plus anciennes villes de Phénicie, resta
longtemps à la tête de cette confédération ;
mais Tyr, qui lui doit, dit-on, son origine, lui
arracha finalement la suprématie, qu'elle sut
conserver jusqu'au jour où elle perdit son
autonomie. Le Sénat général des Phéniciens se
réunissait à Tripoli.

La Phénicie subit, durant de longues pério-
des, la domination ou la suzeraineté des Egyptiens, des Assyriens, des Chaldéens et des
Perses. Alexandre, ayant conquis l'empire de
Darius, mit le siège devant Tyr, qui avait
refusé de lui ouvrir ses portes, et s'en empara
après une résistance mémorable qui dura sept
mois. Les villes phéniciennes furent soumises
tour à tour aux Séleucides et aux Lagides,
dynasties fondées en Syrie et en Egypte par
deux généraux d'Alexandre, et furent annexées
à l'empire romain, au premier siècle avant
notre ère. Le christianisme y fut introduit par
les apôtres et les disciples ; mais il n'y fit des
progrès rapides qu'après la conversion de
l'empereur Constantin. Dans le partage de
l'empire romain, qui eut lieu en 395, la Phé-

nicie échut, avec la Syrie et tout l'Orient, à Byzance devenue Constantinople.

Les Arabes conquirent la Syrie dans la première moitié du vii° siècle et soumirent le littoral phénicien. Les habitants du Liban, retranchés dans leurs montagnes, résistèrent à l'invasion et firent même de nombreuses incursions sur les territoires occupés par les Arabes. Ce ne fut qu'en 685 qu'ils reconnurent l'autorité des califes ; mais ils conservèrent leur autonomie et continuèrent d'être gouvernés par leurs émirs. Damas devint la capitale de la dynastie des califes Omayyades, dont le fondateur fut Mouawia et qui dura quatre-vingt-neuf ans. Les Abbassides dépossédèrent les Omayyades du pouvoir et transférèrent le siège du califat à Bagdad. Sous le règne de Harounn-er-Rachid et d'El-Mamounn, l'empire arabe fut à la tête de la civilisation et atteignit un haut degré de gloire et de prospérité ; les lettres, les sciences et les arts y florissaient.

Mais la décadence ne tarda pas à se manifester : les successeurs d'El-Mamounn furent trop faibles pour maintenir l'unité parmi les races si nombreuses et si différentes qu'ils gouvernaient et les révolutions de palais, les guerres civiles et l'anarchie ébranlèrent l'empire et en amenèrent le démembrement. Les

califes s'étaient entourés d'une garde d'esclaves
turcomans qui finirent par envahir non seulement tous les emplois militaires, mais aussi
le gouvernement des provinces. Plusieurs
d'entre eux fondèrent des dynasties qui ne
reconnaissaient que nominalement l'autorité
des califes. A la faveur de ces désordres, les
Fatimites d'Egypte établirent leur domination
sur la Syrie. Cette province fut ensuite
conquise par les Turcs Seljoukides et jouit,
pour quelque temps, de la tranquillité et de
la prospérité sous le règne de Malek-Chah. Ce
fut peu d'années après sa mort que se produi-
sit ce grand mouvement religieux qui secoua
l'Europe entière et aboutit aux expéditions
militaires dirigées sur l'Orient, qu'on appelle
les Croisades.

Après avoir pris Antioche, les premiers
Croisés mirent le siège devant Jérusalem et
s'en emparèrent en 1099. Cette ville fut érigée
en royaume. La partie de la Syrie que les
Croisés avaient conquise fut partagée entre la
principauté d'Antioche et les comtés d'Edesse
et de Tripoli, qui reconnaissaient la suzeraineté du roi de Jérusalem. Les terres furent
distribuées en fiefs aux chevaliers. Des colonies européennes se fondèrent dans les villes
du littoral. Les Croisés ne jouirent pas en paix

de leurs conquêtes : la guerre se poursuivit
avec les sultans d'Egypte et les émirs musulmans de Syrie, et ne fut interrompue que par
des trèves de courte durée. Plusieurs autres
croisades entreprises au cours des xii° et xiii°
siècles ne purent empêcher les territoires occupés par les Francs de retomber aux mains des
Musulmans. Salah-ed-Dinn (Saladin), le grand
sultan d'Egypte et de Syrie, entra dans Jérusalem en 1187 ; les autres villes succombèrent
les unes après les autres, et il ne resta bientôt
plus aux Chrétiens que quelques places fortes.

En 1220, les hordes innombrables des Mongols, sous la conduite des Genghis-Khann,
inondèrent l'Asie occidentale. Les Khaouaris-
miens, peuple du Turkestan, fuyant devant
l'invasion, se réfugièrent en Syrie et en Palestine et y portèrent le fer et le feu. Saint-Jean-
d'Acre, dernier boulevard des Francs en Terre
Sainte, fut pris en 1291 par le sultan d'Egypte
El-Malek-el-Achraf Khalil-Ibn-Kalaounn de la
dynastie des Mamelouks Bahrites, et les autres
villes lui ouvrirent leurs portes. La Syrie resta
plus de deux siècles sous la domination des sultans d'Egypte. Vers le commencement du
xv° siècle, les Mongols de Timour-Lenk
(Tamerlan) la dévastèrent et massacrèrent les
habitants de Damas et de plusieurs autres

villes. En 1516, la Syrie fut conquise par Sélim Ier, sultan des Turcs Ottomans, qui l'annexa à son empire ; néanmoins, le Liban, qui avait conservé sa personnalité à travers toutes ces vicissitudes, continua, comme par le passé, de jouir d'une autonomie complète, sous le gouvernement héréditaire de ses émirs, qui recevaient leur investiture du souverain ottoman et lui payaient un tribut.

Parmi ces émirs, les Ma'nn et les Chéhab tinrent le premier rang. Les Ma'nn étaient musulmans, selon l'opinion la plus accréditée. Le premier émir de cette famille vint s'établir, en 1118, au Liban, dans le district d'Ech-Chouf, qu'il fut chargé de défendre contre les Croisés. Ses descendants lui succédèrent au gouvernement de ce district. Au commencement du XVIIe siècle, l'émir Fakkr-ed-Dinn II soutint plusieurs guerres heureuses contre les gouverneurs ottomans des provinces voisines ; mais, en 1612, il dut chercher un refuge à la cour du grand-duc de Toscane, qui le reçut avec honneur. Son absence dura cinq ans. A son retour au Liban, la guerre recommença avec les Ottomans et les émirs qui lui étaient hostiles. Après plusieurs campagnes victorieuses, il fut assiégé par une armée considérable dans la forteresse naturelle de Niha et

tomba finalement aux mains des Ottomans,
qui le mirent à mort en 1635. L'émir Fakhr-
ed-Dinn fut un des princes les plus remarquables du Liban. Il était doué d'une intelligence
peu commune et fit preuve de courage, d'ha-
bileté dans la conduite des opérations militaires, de générosité et de grandeur d'âme. Il favo-
risa le commerce et embellit plusieurs villes.
Son autorité s'étendit depuis Nablous (Naplouse,
l'ancienne Sichem) au sud, jusque près d'Antioche au nord.

La famille des Ma'nn s'éteignit en là personne de l'émir Ah'mad, mort en 1697. Pour
le remplacer au gouvernement du Liban, les
notables : émirs, mokaddems et cheiks, firent
choix du fils de l'émir de Rachaya, Béchir, de
la famille des Chéhab. Cette famille, origi-
naire du Hédjaz en Arabie, est issue de la tribu
de Koreïche. Un de ses ancêtres, El-Harès,
embrassa l'islamisme et fut un des compagnons
d'armes du Prophète Mohammad. Lors de la
conquête de Syrie par les Arabes, Malek, fils
d'El-Harès, fut nommé émir de Hourann. Un
de ses descendants, Mounkez, émigra, avec
toute sa famille et sa suite, dans la vallée de
Ouadi-el-Teim (districts de Hasbaya et de
Rachaya), au pied du Gebel-ech-Cheikh, et en
devint l'émir, après l'avoir conquise sur les

Croisés. Les Chéhab s'unirent aux Ma'nn par le mariage et furent leurs alliés fidèles dans toutes les guerres que ceux-ci entreprirent. Après l'extinction de la famille des Ma'nn, les émirs Chéhab se succédèrent au gouvernement du Liban, et l'histoire de cette province est pleine du récit de leurs luttes intestines en revendication du pouvoir, de leurs démêlés avec les Ottomans et de leurs expéditions contre leurs feudataires révoltés.

Le Liban était alors soumis à un régime politique et social rappelant le système féodal, qui subsista en France et dans une partie de l'Europe jusqu'à la fin du moyen âge. Il était divisé en districts, érigés en fiefs héréditaires en faveur d'émirs, de mokaddems et de cheikhs, qui devaient l'impôt et un contingent armé en cas de guerre, et qui, souvent, se mettaient en rébellion ouverte contre le prince au pouvoir. Ce régime prit fin en 1860.

En 1788, le gouvernement du Liban échut à l'émir Béchir, deuxième du nom. Durant plus d'un demi-siècle qu'il exerça l'autorité, il fut occupé, tantôt à guerroyer contre les Ottomans, tantôt à réprimer les révoltes fomentées par les membres de sa famille qui cherchaient à le supplanter, ou provoquées par les impôts excessifs dont il accablait la population. Le Liban

ne connut que peu d'années de tranquillité. En
1799, Bonaparte vint mettre le siège devant
Saint-Jean-d'Acre, mais ne put s'emparer de
cette forteresse défendue par une escadre
anglaise et par le célèbre Ahmad pacha, gouverneur de la province de Saint-Jean-d'Acre,
que ses instincts sanguinaires ont fait surnom-
mer El-Gezzar, le boucher. Durant cette expé-
dition, l'armée de Bonaparte fut ravitaillée par
l'émir du Liban.

En 1822, Béchir fut dépossédé et se réfugia
auprès de Mohammad-Ali, vice-roi d'Egypte,
qui le reçut avec honneur ; mais il ne tarda
pas à être réintégré dans son émirat. Neuf ans
après, Ibrahim pacha, fils de Mohammad-Ali,
ayant envahi la Syrie, l'émir Béchir se joignit
à lui, et les Libanais combattirent les Ottomans
aux côtés des troupes égyptiennes. En 1840,
Mohammad-Ali, sous la pression des Grandes
Puissances, rappela son armée, et la Sublime
Porte, pour punir l'émir Béchir d'avoir fait
cause commune avec le vice-roi d'Egypte, le
destitua de nouveau et l'exila à Malte d'abord,
puis à Constantinople, où il mourut en 1850.
C'était un prince d'aspect imposant, profond
politique et doué d'une grande énergie de
caractère. On lui reproche toutefois son despo-
tisme et la cruauté avec laquelle il traita les

membres de sa famille qui avaient pris les armes contre lui. Après l'émir Béchir II, le pouvoir passa aux mains de l'émir Béchir Kacem, qui ne le garda pas longtemps : des troubles ayant éclaté au Liban, il fut relevé de ses fonctions en 1841.

Jusqu'alors, la tranquillité au Liban avait souvent été troublée par des conspirations, des révoltes et des luttes à main armée entre des factions politiques, qui avaient pour but de déposséder un prince au pouvoir au profit d'un autre membre de sa famille, et auxquelles se ralliaient indifféremment Chrétiens et Druzes ; mais les guerres de religion étaient inconnues. Les mesures de rigueur prises par l'émir Béchir II contre les Druzes, durant les dernières années de son gouvernement, et les vexations auxquelles ils avaient été soumis par son successeur, les avaient profondément irrités et avaient fait naître en eux une vive animosité contre les Chrétiens. Cette hostilité fut encore attisée par les menées des fonctionnaires ottomans qui cherchaient à jeter la discorde parmi les Libanais, pour avoir l'occasion d'intervenir dans leurs affaires et de détruire leur autonomie, et elle ne tarda pas à dégénérer en conflits armés : les Druzes, en 1841, attaquèrent les Chrétiens, en massacrèrent un grand nombre et promenèrent l'incendie dans leurs villages. Ces événements amenèrent une modification dans le système administratif du Liban. Après accord avec les Grandes Puissances, il fut divisé en deux circonscriptions : celle du nord fut placée sous l'autorité d'un « caïmacam » (sous-préfet) chrétien de la famille des émirs Bellama', et celle du sud fut confiée à un « caïmacam » druze de la famille des émirs Arslann.

En 1845, les Druzes recommencèrent leurs dévastations et leurs massacres. Mais ce fut en 1860 qu'eut lieu ce grand bouleversement en Syrie, qui força l'Europe à intervenir. Les Druzes du Liban et de Hourann fondirent en troupes nombreuses sur les villes de Deir-el-Kamar, de Hasbaya et de Rachaya et plusieurs villages et les détruisirent totalement par le feu, après avoir égorgé une grande partie de la population mâle. Les habitants de Zahleh réussirent à se retirer dans les montagnes, mais leurs maisons furent incendiées. Un grand nombre de Chrétiens furent aussi massacrés à Damas par la populace, à laquelle s'étaient joints les Druzes de Hourann et les Bédouins des environs. On évalue à 14.000 le nombre des Chrétiens tués au Liban, dans l'Anti-Liban et à Damas. En outre, plus de 5.000 périrent de misère. Environ 120.000 personnes de tout âge et de tout sexe furent chassées de leurs demeures par les flammes et restèrent sans asile.

Dans les districts du Liban et de l'Anti-Liban où ces atrocités furent commises, les Druzes, constitués militairement sous un régime féodal et renforcés par leurs coreligionnaires de Hourann, étaient, sur tous les points où ils attaquaient, supérieurs en nombre aux Chrétiens disséminés parmi eux et manquant d'ailleurs d'organisation et d'unité d'action. Les Druzes, en outre, étaient encouragés et secrètement soutenus par les autorités ottomanes. Une troupe nombreuse de Chrétiens du nord du Liban, sous la conduite de Youssouf bey Karam, accourut au secours des populations du sud menacées d'extermination, mais arriva trop tard pour empêcher le massacre et l'incendie.

L'Europe s'émut de la gravité de ces événements, et la France reçut des Grandes Puissances le mandat de rétablir la tranquillité en Syrie, en y envoyant un corps expéditionnaire. En même temps, se réunissait, à Beyrouth, une commission formée des délégués de l'Autriche, de la France, de la Grande-Bretagne, de la Prusse, de la Russie et de la Turquie, et chargée « de rechercher l'origine et la cause des

événements dont la Syrie avait été le théâtre ;
de déterminer la part de responsabilité des
chefs de l'insurrection, ainsi que celle des
agents de l'administration, et de provoquer la
punition des coupables ; d'apprécier l'étendue
des désastres qui avaient frappé la population
chrétienne et de combiner les moyens propres
à soulager et à indemniser les victimes ; de
prévenir le retour de semblables calamités et
d'assurer l'ordre et la sécurité en Syrie, en
indiquant les modifications qu'il convenait
d'apporter à l'organisation de la Montagne. »
Les travaux de cette commission aboutirent à
la rédaction d'un instrument diplomatique qui
devint le statut du Liban.

Mais ce règlement est loin de lui accorder
ses limites naturelles. Le territoire de la province autonome commence un peu au nord de
Tripoli et s'étend jusqu'à quelques kilomètres
au sud de Saïda ; à l'est, il est limité par la
plaine d'El-Béka', et à l'ouest par la mer Méditerranée. Les villes de Beyrouth, de Tripoli et
de Saïda en sont exclues.

Aux termes du statut, un arménien catholique, Daoud effendi, fut nommé gouverneur
du Liban, en juin 1861, pour une durée de
trois ans, et reçut la dignité de « mouchir »
(maréchal), qui comporte le titre de pacha. Son

mandat fut renouvelé pour une période de cinq ans ; mais, en même temps, des modifications furent introduites dans la charte libanaise. Youssouf bey Karam ayant soulevé le nord du Liban contre Daoud pacha, en 1866, cette insurrection ne put être réprimée qu'après plusieurs victoires remportées par Karam sur les troupes ottomanes, que le gouverneur avait requises contre lui des villayets voisins. Daoud pacha donna sa démission en 1868 et fut remplacé par le débonnaire Franco pacha, qui mourut en 1872. L'année suivante, Rustem pacha fut nommé gouverneur. C'était un homme énergique et intègre, mais autoritaire et se laissant dominer par ses rancunes. Wassa pacha lui succéda en 1883, et mourut en 1891. On lui reproche la vénalité des créatures dont il s'était entouré. Après lui, vinrent Naoum pacha qui gouverna le Liban de 1892 à 1902, Mouzaffar pacha mort en 1907, Youssouf pacha Franco dont les pouvoirs expirèrent en 1912, et enfin Ohannès Couyoumdjian pacha. Tous ces gouverneurs, depuis Daoud pacha, étaient catholiques et étrangers au Liban.

L'influence de ces gouverneurs sur la prospérité matérielle et le progrès intellectuel du Liban a été presque nulle. A part quelques centaines de kilomètres de routes carrossables qu'ils ont créées à l'aide d'impositions spéciales, ils n'ont rien fait pour contribuer au développement de l'agriculture, de l'industrie et du commerce, arrêter le déboisement et reconstituer les anciennes forêts qui couvraient les sommets et les hautes pentes de tous les pics et de toutes les crêtes, capter les eaux des fleuves qui vont se perdre inutilement dans la mer, améliorer les procédés agricoles et introduire de nouvelles cultures, dessécher les marécages et assurer l'hygiène publique. Les progrès qui ont été réalisés dans toutes les branches de l'activité humaine sont dues à l'initiative individuelle, qui, parfois, a dû lutter contre l'inertie ou même la sourde opposition des autorités. Si la santé générale est excellente au Liban et la moyenne de la vie élevée, si les vieillards robustes sont nombreux, cela tient non point à des mesures d'assainissement prises par le gouvernement, mais à l'air pur et vivifiant de la montagne. Si la sécurité au Liban contraste avec les nombreux attentats contre les personnes et les biens que l'on signale dans quelques parties des vilayets, on le doit à la moralité plus élevée de la population de la Montagne et à une meilleure organisation administrative, dont le règlement organique a jeté les bases. Si la justice est mieux rendue au Liban que dans les provinces avoisinantes, il faut en imputer le mérite au sentiment du devoir plus développé chez le magistrat libanais que chez son collègue turc. L'instruction est très répandue au Liban ; mais c'est grâce aux nombreux collèges, institutions, écoles et autres établissements scolaires créés et entretenus aux frais des communautés, des autorités ecclésiastiques, des congrégations religieuses indigènes et étrangères et des particuliers. Il n'existe pas une seule école défrayée ou même subventionnée par le gouvernement.

Quelques-uns de ces gouverneurs, se souvenant trop qu'ils étaient fonctionnaires ottomans et que leur carrière dépendait de la Sublime Porte, n'ont pas hésité à faire passer les intérêts de la Turquie avant ceux du Liban dont ils avaient la garde, et ont même été jusqu'à porter atteinte aux dispositions du règlement organique de cette province, établi par accord international.

Cependant, si les gouverneurs qui se sont succédé depuis plus d'un demi-siècle, n'ont pas contribué au progrès matériel et intellectuel réalisé au Liban durant cette période de temps, la faute ne peut leur en être attribuée uniquement. Le règlement organique a renfermé le budget dans un cadre trop étroit :

les recettes sont insuffisantes et manquent de
l'élasticité qui leur permettrait de faire face
aux besoins nouveaux. Telles elles ont été
fixées par les plénipotentiaires des Grandes
Puissances en 1861, telles elles sont restées
jusqu'à nos jours, pendant que les budgets de
la plupart des Etats du monde avaient plus que
quadruplé dès avant la guerre.

Depuis que la Turquie s'est rangée aux côtés
des Empires du Centre, contre les Puissances
Alliées, les nouvelles sûres du Liban manquent ; tout ce que l'on sait de ce pays, c'est
que ses malheureux habitants meurent par
dizaines de mille, de faim et de dénûment.

CHAPITRE V

Races, religions et mœurs

En dépit de son exiguïté, le Liban est le pays où se heurtent le plus de races et de confessions religieuses différentes. Les communautés chrétiennes y sont de beaucoup les plus considérables. Elles comprennent, d'après l'ordre de leur importance numérique : les Maronites, les Grecs Orthodoxes et les Grecs Catholiques. Les Protestants, les Latins, les Syriens et les Arméniens y sont peu nombreux. Les non-chrétiens sont : les Musulmans Sounnites, les Chi'ites et les Druzes. La communauté israélite compte peu de membres au Liban.

MARONITES

Saint Maron (en arabe Mar Marounn) donna son nom à la nation maronite et devint son patron. C'était un pieux anachorète, qui vivait,

adonné à la prière, à la pénitence et à la prédi-
cation, dans les montagnes de la Syrie septentrionale, vers la fin du IVe siècle et au commencement du Ve, et dont l'exemple fut suivi par
de nombreux disciples. Après sa mort, ses
reliques furent transportées sur les rives de
l'Oronde, non loin de la ville d'Apamée, et une
église, puis un monastère furent construits en
ce lieu, sous son vocable. Ce monastère devint
bientôt célèbre, et son nom servit à désigner
les populations chrétiennes des alentours qui
recevaient les enseignements de ses moines et
qu'on appela depuis lors les Maronites (en
arabe Maouarna). Ce fut le noyau d'une communauté qui se multiplia dans la vallée de
l'Oronte et dont une partie émigra, au VIIe siècle, dans le Liban septentrional, pour échapper
aux persécutions des Monophysites. Un des
moines du couvent de Saint-Maron, que ses
vertus, sa science et son zèle religieux avaient
déjà élevé au siège épiscopal d'El-Batrounn,
devint, en 685, le premier patriarche des Maronites ; il est vénéré par eux sous le nom de
Saint-Jean Maron. Après lui, la série des
patriarches de cette communauté s'est conti-
nuée sans interruption jusqu'à nos jours.

Les Maronites ne cessèrent d'émigrer des
bords de l'Oronte pour s'établir dans le nord

du Liban, où ils se mêlèrent à la population aborigène. A diverses époques, les habitants du littoral et des plaines, fuyant les guerres, les troubles et l'oppression, cherchèrent un refuge au Liban. De la fusion de ces éléments divers sortit la nation maronite, qui s'étendit graduellement dans le Kesraouan, puis dans les autres parties de la Montagne. Les Maronites du Liban et de la vallée de l'Oronte essaimèrent en Palestine, à Alep, à Damas, à Chypre, à Malte et jusqu'en Mésopotamie.

Durant les Croisades, les Maronites combattirent aux côtés des Francs et leur servirent de guides. Quand la Palestine et la Syrie furent retombées aux mains des Musulmans, beaucoup de Francs s'établirent parmi les Maronites du Liban et se confondirent avec eux. Dans ses montagnes, cette nation conserva, à travers les siècles, ses mœurs, ses coutumes, sa religion et son autonomie : les conquérants de la Syrie, ne pouvant la forcer dans ses retraites inaccessibles, se contentaient de lui imposer un léger tribut. Elle était gouvernée par ses émirs, ses cheiks et ses mokaddems. Parmi les familles les plus anciennes qui ont joué un rôle dans l'histoire du Liban, on cite les émirs Chéhab, qui sont d'origine musulmane, et dont la plupart embrassèrent la religion chrétienne vers le milieu du XVIII° siècle ; les émirs Bellama', qui reçurent leur titre de l'émir Haïdar Chéhab, en 1711, et abjurèrent la religion druze pour se convertir au christianisme, peu après les Chéhab ; les cheiks El-Khazen, Dahdah, Daher, Habeich, Karam, El-Khouri. Les membres de ces familles sont nombreux de nos jours.

Les Maronites n'ont cessé d'être attachés à l'Eglise de Rome. Ils ont une liturgie spéciale, et la langue du culte chez eux est le syriaque. Leur hiérarchie ecclésiastique comprend un patriarche, douze archevêques, deux évêques et un grand nombre de curés. Le patriarche, qui porte le titre de patriarche d'Antioche et de tout l'Orient, est élu par le collège des archevêques et des évêques, et son élection est soumise à la confirmation du pape. Indépendamment de son pouvoir spirituel, ce haut dignitaire de l'Eglise, **représentant la communauté la plus importante du Liban**, possède une influence politique considérable. Il réside, en hiver, à Bkirkeh, sur le flanc d'une colline dont le pied baigne dans le golfe de Jounich, et, en été, à Ed-Dimann, sur la rive gauche du Nahr-Kadicha, à une dizaine de kilomètres à l'ouest du célèbre bois de cèdres.

Le collège des archevêques et évêques présidé par le patriarche élit les archevêques et évêques de diocèses, parmi les candidats proposés par les diocésains. Les vicaires patriarcaux et les archevêques et évêques sans diocèse sont nommés directement par le patriarche. Les sièges archiépiscopaux sont : Beyrouth, Ba'albeck avec résidence à 'Aramounn, Chypre avec résidence à Kornet-Chahouann, Saïda avec résidence à Beit-ed-Dinn, Tripoli avec résidence à Karmsadda, Damas avec résidence à 'Achkout et Alep. L'archevêque honoraire de Cyrrhe réside au séminaire de 'Aïnn-Ouarka. Le siège de Sour (Tyr) est occupé par un évêque. En outre, un archevêque est chargé de l'administration spirituelle de la communauté maronite en Egypte avec le titre de vicaire patriarcal, et trois autres archevêques, portant le même titre, assistent le patriarche. Un évêque *in partibus* réside à Rome, dans le séminaire maronite.

Autrefois, les curés ne recevaient la prêtrise qu'après le mariage, et leur instruction était assez rudimentaire. Maintenant les jeunes gens qui se destinent au sacerdoce font leurs études dans les séminaires et les collèges nombreux au Liban, et quelques-uns même sont admis dans les séminaires de France et à l'école de la Propagande à Rome. Le niveau général de leur instruction est assez élevé. Le nombre des prêtres mariés diminue sans cesse. Outre le clergé séculier, il existe 1350 moines répartis en soixante-deux couvents et appartenant à trois ordres religieux, qui suivent la règle de Saint-Antoine. De plus, une congrégation récemment fondée de missionnaires libanais, appelés Keraïmites, possède quatre couvents et compte vingt-trois religieux. Les religieuses sont soumises à la règle de Saint-Antoine ; leur nombre est de 315, et elles vivent dans neuf couvents. Les principaux établissements d'instruction des Maronites sont les collèges de Beyrouth, de Kornet-Chahouann, de Kfar-Haï et de Ghazir et quatre séminaires dont le plus connu est celui de 'Aïn-Ouarka. Beaucoup de jeunes gens, en outre, font leur éducation à l'université des Jésuites à Beyrouth, au collège des Lazaristes à 'Antoura et dans les nombreux établissements des Frères des Ecoles Chrétiennes, Petits Frères de Marie ou autres, répandus au Liban et dans les villes de la côte.

Si l'on tient compte des Maronites émigrés dans toutes les parties du monde, la nation entière ne comprend pas moins de 460.000 âmes. Les Maronites restés dans la province du Liban sont au nombre de 250.000. Ceux qui sont établis dans les vilayets de Beyrouth, de Syrie et d'Alep se chiffrent par 70.000, et ceux qui ont émigré en Egypte, aux Etats-Unis de l'Amérique du Nord, en Argentine, au Brésil, au Mexique et dans les autres contrées de la terre, peuvent être évalués à 135.000 individus au minimum. Au Liban, les Maronites forment un groupe compact dans les deux districts limitrophes d'El-Batrounn et de Kesraouann. Ils sont en grande majorité dans ceux d'El-Matn, Gezzin et Deir-el-Kamar. Dans les autres districts, ils forment une minorité respectable.

Comme tous les peuples, les Maronites ont leurs qualités et leurs défauts. Ils sont courageux, robustes, intelligents, laborieux, persévérants et industrieux. Ils tiennent des Phéniciens, l'aptitude au commerce. Même pauvres, ils savent, à l'occasion, pratiquer l'hospitalité orientale. Ils sont doués d'une imagination vive et possèdent une grande facilité d'assimilation. Leur confiance en eux-mêmes peut être qualifiée d'excessive, tandis qu'ils sont portés à déprécier le mérite des autres. Ils aiment l'ostentation, et on leur reproche leur manque de discipline. Ces traits de caractère des Maronites sont plus ou moins ceux des autres communautés chrétiennes du Liban.

GRECS ORTHODOXES

Les Grecs Orthodoxes sont les descendants des habitants primitifs de la Syrie convertis au Christianisme, de Grecs immigrés et d'une tribu d'origine arabe, les Ghassanides, qui s'était fixée en Syrie au IIIe siècle. Ils suivent le rite de l'Eglise Orthodoxe d'Orient, et leur langue liturgique est le grec. Ils n'admettent pas le purgatoire, croient que le Saint-Esprit ne procède que du Père et ne reconnaissent pas la supématie du pape. La première scission entre l'Eglise Grecque et celle de Rome eut lieu au IXe siècle, sous le patriarcat de Photius. La séparation se consomma au XIe siècle. Il existe dans l'Eglise Grecque quatre sièges patriarcaux : ceux de Constantinople, de Jérusalem, d'Antioche et d'Alexandrie. Le patriarche de Constantinople a la primauté sur les autres et porte le titre de patriarche œcuménique. Les Eglises de Russie, de Roumanie, de Serbie, de Bulgarie et du Montenegro sont indépendantes.

Les curés grecs sont mariés avant leur ordination. Les moines, les évêques et les patriarches observent le célibat. Récemment encore, tous les hauts dignitaires des quatre patriarcats de l'Eglise Grecque d'Orient étaient de race hellène. Il y a quelques années seulement, les Orthodoxes de Syrie finirent par obtenir un patriarche et un épiscopat nationaux. Ce patriarche porte le titre de patriarche d'Antioche et réside à Damas. Quatre archevêques et évêques administrent les diocèses de Beyrouth, de Gebaïl et El-Batrounn, de Zahleh et de Tripoli. On évalue le nombre des Grecs Orthodoxes Syriens à 320.000, qui sont établis particulièrement dans les vilayets de Syrie et de Beyrouth. On en compte 57.000 dans le Liban autonome.

GRECS CATHOLIQUES

Les Grecs Catholiques ou Melkites sont les chrétiens de l'Eglise Grecque d'Orient unis à l'Eglise de Rome. Ils sont de même origine, suivent les mêmes rites et ont la même langue liturgique que les Grecs Orthodoxes. Leur chef religieux porte le titre de patriarche d'Antioche, d'Alexandrie, de Jérusalem et de tout l'Orient, et réside au Caire, à Damas, ou au couvent de 'Aïnn-Traz, situé au Liban, sur le bord du Nahr-ed-Damour. Il a sous sa juridiction quinze archevêques et évêques, dont onze sont à la tête des diocèses suivants : Alep, Beyrouth et Gebaïl, Homs et Hama, Tripoli, Zahleh et El-Beka' Saïda et Deir-el-Kamar, Tyr, Ba'albek, Bisra et Hourann, Saint-Jean-d'Acre et Banias. Un vicaire patriarcal administre le diocèse de Damas, et deux autres sont chargés des communautés grecques catholiques d'Egypte et de Palestine. Un évêque *in partibus* réside à Constantinople. Les curés mariés sont très rares. Les religieux sont au nombre de trois cent quarante et possèdent dix-huit couvents ; ils forment trois congrégations de l'ordre de Saint-Basile : la congrégation du Saint-Sauveur, celle de Saint-Jean et la congrégation de Saint-Georges-des-Alépins. Les Grecs Catholiques sont environ cent cinquante mille. Dans le Liban, leur nombre est de trente-trois mille. Ils forment une agglomération compacte à Zahleh. Leur principal établissement scolaire en Syrie est le collège patriarcal de Beyrouth.

MUSULMANS

Les Musulmans sont, en grande majorité, sounnites. Parmi les sectes dissidentes, la plus importante est celle des Chi'ites, qui forment les neuf dixièmes de la population de la Perse et qui sont nombreux aux Indes. La dynastie des sultans fatimites qui régna sur l'Egypte du x° au xii° siècles, appartenait à cette secte. La divergence entre les Sounnites et les Chi'ites consiste en ce que ces derniers ne reconnaissent par les trois premiers califes, Abou-Bakr, 'Omar et 'Othmann, et que, d'après eux, le califat aurait dû appartenir, après la mort du Prophète Mohammad, à 'Ali, son gendre. Ils considèrent aussi les Omayyades et les Abbassides comme des usurpateurs, et n'admettent pas la Sounna, qui est la loi orale et traditionnelle du Prophète, et qui donna leur nom aux Sounnites.

Les Sounnites forment, en Syrie, la majorité de la population. Ce sont les descendants des Arabes conquérants et des Syriens convertis à l'Islamisme. Les Turcs sont très clairsemés parmi eux. Au Liban, on compte seize mille Sounnites seulement.

Les Chi'ites de Syrie sont généralement désignés sous le nom de Metoualis. On rencontre quelques colonies chi'ites de Persans, de Circassiens et de Kurdes. En Syrie, le nombre des Chi'ites s'élève à quatre-vingt mille environ, dont la plupart sont d'origine arabe. Ils sont vingt-cinq mille au Liban.

DRUZES

L'origine des Druzes est obscure ; on croit
qu'ils sont de race arabe. Ils tirent leur nom de
Mohammad-Ibn-Ismaïl-ed-Darazi, que leurs
livres appellent Nachtakinn, et qui vint en
Syrie, dans les premières années du xi⁰ siècle,
prêcher la divinité d'El-Hakem-Biamr-Illah,
sultan fatimite d'Egypte. Cette doctrine fut
aussi répandue en Syrie par Hamza-Ibn-Ali-
Ibn-Ahmad, que les Druzes vénèrent et auquel
ils ont décerné le titre d'El-Hadi, le guide dans
le droit chemin. Ils croient en un Dieu unique,
qui s'est déjà incarné plusieurs fois. El-Haken,
qui est la dernière incarnation, reviendra un
jour pour fonder un grand empire, récompen-
ser ceux qui ont embrassé sa doctrine et punir
ceux qui l'ont repoussée. Ils croient aussi à la
métempsycose. Ils se donnent à eux-mêmes le
nom de « mouahhidinns », unitaires. Il existe
chez eux deux classes : les *jahlals*, les profanes,
qui sont les simples fidèles, et les *'akkals*, les
sages, qui sont seuls initiés aux secrets de leur
croyance et qui s'abstiennent de tabac, de café
et de spiritueux.

Les Druzes sont monogames, mais ils peuvent divorcer avec beaucoup de facilité ;

l'usage ne leur permet pas de reprendre la femme qu'ils ont répudiée. Ils sont très attachés à leur race, braves, robustes, laborieux, hospitaliers et pleins d'amabilité ; mais on leur reproche d'être dissimulés et très vindicatifs. Bien que, dans leurs guerres avec les Chrétiens, ils aient livré aux flammes tous les villages dans lesquels ils pénétraient, et qu'ils aient impitoyablement massacré toute la population mâle, jusqu'aux enfants à la mamelle, on reconnaît cependant qu'ils s'abstenaient de toute molestation à l'égard du sexe féminin. Ils professent un grand respect pour leurs émirs et leurs cheiks, et leur obéissent aveuglément. C'est à cet esprit de discipline qu'ils doivent, en partie, leurs succès dans leurs entreprises militaires contre les Chrétiens désunis et impatients de toute autorité. Parmi les familles les plus considérables des Druzes, on cite les émirs Arslann et les cheikhs Jomblat, 'Emad, Nakad, Talhouk, 'Abd-el-Malek. Les Druzes comptent actuellement 150.000 individus environ, dont 51.000 habitent les districts d'El-Chouf et d'El-Matn au Liban, 90.000 les districts de Rachaya et Hasbaya dans l'Anti-Liban, 55.000 l'arrondissement de Hourann et 35.000 celui de Hama.

RELIGIONS

Le dieu suprême des Phéniciens était Ba'l
(Bel, Belus), dont le nom dans leur langue
signifiait seigneur. Dans chaque ville, on lui
donnait une désignation spéciale : Ba'l-Melkart
à Tyr ; Ba'l-Sidounn à Sidon ; Ba'l-Tammouz
ou Adounn, dont les Grecs firent Adonis, à
Gebaïl et dans la vallée du fleuve Adonis (Nahr-
Ibrahim). Les Phéniciens adoraient les idoles
de toutes formes qu'ils sculptaient dans la
pierre et principalement dans les aérolithes.
Ils croyaient que la divinité descendait habiter
dans ces idoles, que, pour cette raison, ils
appelaient maison d'El, c'est-à-dire maison de
Dieu. 'Achtarout (Astaroth. Astarté), constam-
ment associé à Ba'l, était leur plus grande
déesse. A Gebaïl, on lui rendait un culte souvent impudique, sous le nom de Ba'la, épouse
de Ba'l, et son temple à Aphéca était un but
de pèlerinage très fréquenté. Les Romains
l'appelaient la Vénus du Liban. Les Phéniciens
adoraient aussi le soleil, sous le nom de Ba'l-
Chamim, ainsi que les autres corps célestes,
et offraient à Ba'l-Moloch des sacrifices
humains et principalement des enfants, qui
étaient jetés dans un brasier ardent.

Le Christianisme fut introduit de bonne heure dans les villes du littoral phénicien. Dans les montagnes du Liban, il se répandit d'abord lentement ; mais au VI⁰ siècle, il supplanta entièrement le Paganisme. L'Islamisme fit peu de progrès. Beaucoup de Druzes et de Metoualis vinrent s'y réfugier pour échapper aux persécutions auxquelles ils étaient en butte dans la plaine ; mais leurs religions ne firent point de prosélytes parmi les habitants du Liban. Même, de nos jours, le nombre des Metoualis diminue dans la Montagne de façon continue, par émigration dans les vilayets voisins. Actuellement, les Chrétiens forment près des quatre cinquièmes de la province autonome du Liban. Ils sont en majorité dans tous les districts, même dans celui d'El-Chouf, où leur nombre est légèrement supérieur à celui des druzes, des sounnites et des chi'ites réunis.

LANGUES

Le phénicien, proche parent de l'hébreu, était la langue des anciens habitants du Liban et du littoral voisin. Les Assyriens introduisirent dans ces régions leur langue, l'araméen ou syriaque, qui se substitua peu à peu au phénicien, principalement à partir de l'époque où une partie des Maronites de la vallée de l'Oronte émigra au Liban. Le grec et le latin devinrent plus tard des langues officielles en Syrie, mais ne pénétrèrent pas dans la masse de la population. Les Arabes, ayant conquis la Syrie, y répandirent leur langue, dont l'usage ne tarda pas à devenir général. Cependant, le syriaque continua d'être parlé jusqu'au XVIIᵉ siècle, dans quelques villages perdus du haut Liban, près de la source du Nahr-Kadicha. Il reste la langue liturgique des communautés maronite, syrienne et chaldéenne. L'idiome actuellement parlé dans le Liban et dans toute la Syrie est une corruption de l'arabe littéraire, qui demeure néanmoins la langue écrite. Le turc est inconnu du peuple et n'est employé par le gouvernement libanais que pour la correspondance avec les autorités ottomanes.

COSTUMES ET MŒURS

Les Libanais portent le *cheroual*, pantalon bouffant, et une petite veste appelée *coubarann*. Ce costume qui est fait de soie, de drap ou de simple cotonnade, ressemble par la coupe à l'uniforme des zouaves. Les Druzes, et beaucoup de chrétiens aussi, revêtent une espèce de soutane de coton ou de soie, le *ghombaz*, qui s'ouvre sur le devant, mais qui qui est assez ample pour que l'un des pans recouvre l'autre. Une large ceinture roulée, généralement en soie, serre le milieu du corps. Les paysans portent par-dessus leurs vêtements un petit manteau rayé en poils de chèvre, sans boutons et à manches courtes, appelé *abaya*, la coiffure et le tarbouch (fez) moghrebin, du modèle de celui des Tunisiens, mais plus petit et avec un gland moins long. Les 'akkals druzes enroulent autour du tarbouch un turban blanc ; le turban des Musulmans est blanc, broché de soie. Les descendants du Prophète portent des turbans verts. Les gens aisés ont adopté le costume européen ; ils se coiffent du tarbouch turc. Cependant, quelques-uns parmi les Chrétiens des villes commencent à porter le chapeau. Les femmes s'habillent, en général, comme les Européennes, mais se couvrent la tête d'un voile ou d'une mantille. Les Chrétiennes qui portent le chapeau sont encore rares. Les femmes chrétiennes de toutes les classes sortent le visage découvert ; les femmes musulmanes et druzes se voilent le visage en présence des hommes.

Les mariages donnent lieu à de grandes

réjouissances. Pendant plusieurs soirs avant la cérémonie, on se réunit chez le futur jusqu'au matin, pour boire de l'eau-de-vie, chanter et danser au son de la *derbakkeh*, espèce de tambourin de terre cuite se terminant par un long col, de la *daffa*, le tambour de basque, et de la *mounjaïra*, le chalumeau, flûte de roseau ouverte des deux côtés et dont l'un des bouts sert d'embouchure. Le jour de la cérémonie, la mariée est conduite en grande pompe à la maison nuptiale, au milieu des chants des femmes du cortège, qui récitent, chacune à son tour, un quatrain en musique, terminé par des *zlaghits*, *trilles* prolongées lancées à pleine voix par tout le chœur dans le registre aigu.

Les danses orientales n'ont rien de commun avec les danses européennes. Celles-ci s'exécutent par couples enlacés de cavaliers et de dames, suivant un rythme uniforme qui se reproduit indéfiniment dans chaque variété de danse et fait agir seulement les jambes. Dans les danses orientales, l'exécutant est laissé à son inspiration. Tantôt il avance à petits pas en ondulant le corps avec grâce, tantôt il agite les bras harmonieusement et fait tournoyer un mouchoir au-dessus de sa tête. Souvent un cavalier et une dame dansent vis-à-vis l'un de l'autre ; ils se rapprochent en cadence, s'éloignent en semblant se fuir, se penchent l'un vers l'autre et s'écartent. Les assistants ponctuent la danse en battant des mains en mesure. Rien de plus fascinant que la danse où l'exécutante, armée de deux poignards, multiplie les feintes d'attaque et de défense, qui étonnent par leur rapidité autant qu'elles charment par leur grâce. Il y a aussi la danse du sabre et du bouclier exécutée par un cavalier seul ou par deux danseurs qui simulent un assaut d'armes. Les villageois dansent souvent la *dabka*, assez semblable à la bourrée d'Auvergne.

Les instruments de musique employés dans les orchestres sont : le violon, le 'oud et le kanounn. Le *'oud* est une espèce de mandoline. Le *kanounn* consiste en une table d'harmonie, sur laquelle sont tendues des cordes groupées par trois pour chaque note, et que l'on pince, à une octave d'intervalle, avec les index des deux mains, armées d'une petite lame de corne. Ces instruments accompagnent et soutiennent la voix des chanteurs. Le chant est toujours sur le ton mineur ; les trilles lancées à gorge déployée dans le registre élevé et les gammes chromatiques en sont les caractéristiques principales. Parmi les chants populaires, le *ma'anna* et le *kerradi* sont les plus appréciés.

Ce sont des poésies légères de circonstance en langue vulgaire, improvisées et chantées par des amateurs et souvent pleines de finesse et d'à-propos.

Les habitants du Liban ont la passion de l'eau courante. Il n'est pas rare de voir des familles entières se transporter, dès le matin, au bord d'une rivière ou d'un ruisseau et s'y installer pour toute la journée. Elles y préparent leurs repas, sirotent de l'eau-de-vie et fument le *narguileh*. L'eau-de-vie ne se boit qu'accompagnée de *mézé*, hors-d'œuvre composé de concombres frais ou marinés, de tomates crues, de pois-chiches grillés et salés, de pistaches, de graines de lupin macérées dans l'eau et de graines de pastèques et de courges. Le *narguileh* est un cristal épais et a la forme d'une carafe au long col droit. Un tube portant un bourrelet à son milieu y plonge à moitié. Le bourrelet, qui bouche hermétiquement le narguileh, est percé d'un orifice auquel est fixé un long tuyau flexible terminé par un bouquin d'ambre. Au bout supérieur du tube s'adapte le fourneau en terre cuite rempli de *tombac*, tabac spécial de Perse, dont les feuilles ont été préalablement mouillées et pétries entre les doigts. Des charbons ardents sont placés sur le fourneau. Une longue aspiration fait passer la fumée par l'eau, que parfument souvent des fleurs, et produit un glouglou qui charme l'oreille. On fume beaucoup le narguileh en Syrie, surtout parmi les dames de la société, et il n'est pas rare de voir dans un salon autant de narguilehs en fonction que de personnes présentes. On offre aussi des sorbets ou des confitures et du café.

Les sentiments de joie se manifestent chez les Libanais de façon bruyante. Lorsqu'ils veulent faire honneur à un grand personnage qui arrive dans leurs montagnes, ils vont à sa rencontre en troupes nombreuses, et l'acompagnent en chantant des chants héroïques et en se livrant à un feu nourri de mousqueterie, qui, parfois, se prolonge bien avant dans la nuit.

Le Libanais est fervent des beaux points de vue. La plupart des couvents s'élèvent sur des hauteurs, d'où le regard jouit d'un superbe panorama.

La nourriture syrienne est, en général, lourde et difficile à digérer pour les estomacs qui n'y sont point habitués. Les principaux mets nationaux sont : la *kebbeh* dont il a déjà été parlé ; le *mehchi* fait de courges bouillies préalablement, farcies de viande hachée et de riz ; le *lahm méchoui*, viande tendre de mouton coupée en petits morceaux et grillée sur une broche ; la *mejaddara*, dans laquelle entrent le riz et le borghol et les lentilles ; le *hommos bilahineh*, purée de poischiches liée par un produit de consistance sirupeuse tiré du sésame et appelé « tahineh », etc.

Le pain a la forme de galettes rondes d'un demi-centimètre d'épaisseur et de douze à vingt centimètres de diamètre. On fait aussi, dans les hameaux dépourvus de boulangeries, du pain dit *markouk* aussi mince que le papier et d'une quarantaine de centimètres de diamètre. Ce pain est cuit dans des fourneaux de terre, sur une plaque de fer, et peut se plier comme une serviette.

Les gâteaux, généralement lourds, sont faits d'une pâte de farine de froment, de beurre ou d'huile d'olive et de sucre, qu'on farcit souvent d'amandes, de noix, de pistaches et de pignons de pin pilés, et qu'on fait cuire au four. Les différentes variétés de pâtisseries se nomment : *gheraïbeh, borma, basma, bakloua, kalaïef, mechabbak, tamrieh*, etc.

Le mouton fournit la plus grande partie de la viande de boucherie. On mange peu le bœuf, et la consommation du porc est encore plus restreinte. Le mouton de Syrie a une grosse queue, courte et arrondie, entièrement formée de graisse. Dans les villages du Liban, presque chaque famille en possède au moins un, qu'elle gave de feuilles de mûriers pendant plusieurs semaines en automne, pour en faire du *kaourma*. Ce sont des morceaux de viande de mouton coupés menus et frits dans la graisse de la queue de l'animal ; on en fait provision pour l'hiver.

CHAPITRE VI

Constitution politique

La commission internationale réunie à Beyrouth, à la suite des événements de 1860, avait élaboré un projet de règlement pour la réorganisation du Liban, dont le texte définitif fut arrêté par les plénipotentiaires d'Autriche, de France, de Grande-Bretagne, de Prusse et de Russie, à Constantinople, et le grand-vizir représentant la Turquie. Ce règlement fut promulgué par firman impérial. En voici le texte :

PREMIER RÈGLEMENT ORGANIQUE DU LIBAN
(9 juin 1861)

ARTICLE PREMIER

Le Liban sera administré par un gouverneur chrétien nommé par la Sublime-Porte et relevant d'elle directement. Ce fonctionnaire, amovible, sera investi de toutes les attributions du pouvoir exécutif, veillera au maintien de l'ordre et de la sécurité publique dans toute l'étendue de la Montagne, percevra les impôts, nommera, sous sa responsabilité, en vertu du pouvoir qu'il recevra de S. M. I. le Sultan, les agents administratifs ; il instituera les juges, convoquera et présidera les mejlis (conseil) administratif central et approuvera l'exécution de toutes les sentences légalement rendues par les tribunaux, sauf les réserves prévues par l'article 9. Chacun des éléments constitutifs de la population de la Montagne sera représenté auprès du gouverneur par un wékil, nommé par les chefs et notables de chaque communauté.

ART. 2

Il y aura pour toute la Montagne un mejlis administratif central composé de douze membres, deux maronites, deux druzes, deux grecs catholiques, deux grecs orthodoxes, deux metoualis, deux musulmans, chargés de répartir l'impôt, contrôler la gestion des revenus et des dépenses, et de donner un avis consultatif sur les questions qui lui seront posées par le gouverneur.

Art. 3

La Montagne sera divisée en six arrondissements administratifs, savoir :

1° El-Koura, y compris la partie inférieure et les autres fractions du territoire avoisinant, dont la population appartient au rite grec orthodoxe, moins la ville d'El-Calmounn, située sur la côte et à peu près exclusivement habitée par des musulmans ;

2° La partie septentrionale du Liban, sauf El-Koura jusqu'au Nahr-el-Kalb ;

3° Zahleh et son territoire ;

4° El-Matn, y compris le Sahel chrétien et les territoires d'El-Katé et de Salima ;

5° Le territoire situé au sud de la route de Damas à Beyrouth jusqu'à Gezzinn ;

6° Gezzinn et Et-Teffah.

Il y aura, dans chacun de ces arrondissements, un agent administratif nommé par le gouverneur et choisi dans le rite dominant, soit par le chiffre de la population, soit par l'importance de ses propriétés.

Art. 4

Il y aura dans chaque arrondissement un mejlis administratif local composé de trois à

six membres représentant les divers éléments
de la population et les intérêts de la propriété
foncière dans l'arrondissement ; ce mejlis local,
présidé et convoqué annuellement par le chef
de l'arrondissement, devra résoudre en premier
ressort toutes les affaires de contentieux administratif, entendre les réclamations des habitants, fournir les renseignements statistiques
nécessaires à la répartition de l'impôt dans
l'arrondissement et donner son avis consultatif
sur toutes les questions d'utilité locale.

Art. 5

Les arrondissements administratifs seront
subdivisés en cantons dont le territoire, à peu
près réglé sur celui des anciens iklims, ne ren-
fermera, autant que possible, que des groupes
homogènes de population, et ses cantons en
communes qui se composeront chacune d'au
moins cinq cents habitants. A la tête de chaque canton, il y aura un agent nommé par le
gouverneur, sur la proposition du chef de l'arrondissement, et à la tête de chaque commune
un cheikh choisi par les habitants et nommé
par le gouverneur. Dans les communes mixtes,
chaque élément constitutif de la popuation

aura un cheik particulier, dont l'autorité ne s'exercera que sur ses coreligionnaires.

Art. 6

Egalité de tous devant la loi, abolition de tous les privilèges féodaux, et notamment de ceux qui appartenaient aux moukata'jis.

Art. 7

Il y aura dans chaque canton un juge de paix pour chaque rite ; dans chaque arrondissement, un mejlis judiciaire de première instance, composé de trois à six membres représentant les divers éléments de la population ; et, au siège du gouvernement, un mejlis judiciaire supérieur, composé de douze membres, dont deux appartenant à chacune des six communautés désignées dans l'article 2, et auquel on adjoindra un représentant des cultes protestant et israélite, toutes les fois qu'un membre de ces communautés aura des intérêts engagés dans le procès. La présidence des mejlis judiciaires sera exercée trimestriellement et à tour de rôle par chacun de leurs membres.

Art. 8

Les juges de paix jugeront sans appel jusqu'à concurrence de cinq cents piastres les affaires au-dessus de cinq cents piastres seront de la compétence des mejlis judiciaires de première instance. Les affaires mixtes, c'est-à-dire entre particuliers n'appartenant pas au même rite, qu'elle que soit la valeur engagée dans le procès, seront immédiatement portées devant le mejlis de première instance, à moins que les partis ne soient d'accord pour reconnaître la compétence du juge de paix du défendeur. En principe, toute affaire sera jugée par la totalité des membres du mejlis. Néanmoins, quand toutes les parties engagées dans le procès appartiendront au même rite, elles auront le droit de récuser le juge appartenant à un rite différent ; mais, dans ce cas même, les juges récusés devront assister au jugemenet.

Art. 9

En matière criminelle, il y aura trois degrés de juridictions : les contraventions seront jugées par les juges de paix, les délits par les mejlis de première instance et les crimes par le mejlis judiciaire supérieur, dont les sentences ne pourront être mises à exécution qu'après l'accomplissement des formalités en usage dans le reste de l'empire.

Art. 10

Tout procès en matière commerciale sera porté devant le tribunal de commerce de Beyrouth, et tout procès, même en matière civile, entre un sujet ou protégé d'une puissance étrangère et un habitant de la Montagne, sera soumis à la juridiction de ce même tribunal.

Art. 11

Tous les membres du mejlis judiciaire et administratif, sans exception, ainsi que les juges de paix, seront choisis et désignés, après une entente avec les notables, par les chefs de leur communauté respective, et institués par le gouvernement. Le personnel des mejlis administratif sera renouvelé par moitié tous les ans, et les membres sortants pourront être réélus.

Art. 12

Tous les juges seront rétribués. Si, après enquête, il est prouvé que l'un d'entre eux a prévariqué ou s'est rendu, par un fait quelconque, indigne de ses fonctions, il devra être révoqué, et sera, en outre, passible d'une peine proportionnée à la faute qu'il aura commise.

Art. 13

Les audiences de tous les mejlis judiciaires seront publiques, et il en sera rédigé procès-verbal par un greffier institué ad hoc. Ce greffier sera, en outre, chargé de tenir un registre de tous les contrats portant aliénation de biens immobiliers, lesquels contrats ne seront valables qu'après avoir été soumis à la formalité de l'enregistrement.

Art. 14

Les habitants du Liban qui auraient commis un crime ou délit dans un autre sandjak, seront justiciables des autorités de ce sandjak ; de même que les habitants des autres arrondissements qui auraient commis un crime ou délit dans la circonscription du Liban, seront justiciables des tribunaux de la Montagne. En conséquence, les individus indigènes ou non indigènes qui se seraient rendus coupables d'un crime ou délit dans le Liban et qui se

seraient évadés dans un autre sandjak, seront,
sur la demande de l'autorité de la Montagne,
arrêtés par celle du sandjak où ils se trouvent
et remis à l'administration du Liban. De
même, les indigènes de la Montagne ou les
habitants des autres départements qui auraient
commis un crime ou délit dans un autre sandjak quelconque et autre que le Liban et qui
s'y seront réfugiés, seront sans retard arrêtés
par l'autorité de la Montagne, sur la demande
de celle du sandjak intéressé, et seront remis
à cette autorité. Les agents de l'autorité qui
auraient apporté une négligence ou des retards
non justifiés dans l'exécution des ordres relatifs au renvoi des coupables devant les tribunaux compétents, seront, comme ceux qui
chercheraient à dérober ces coupables aux
poursuites de la police, punis conformément
aux lois. Enfin, les rapports de l'administration
du Liban avec l'administration respective des
autres sandjaks seront exactement les mêmes
que les relations qui existent et qui seront
entretenues entre tous les sandjaks de l'Empire.

Art. 15

En temps ordinaire, le maintien de l'ordre
et l'exécution des lois seront exclusivement

assurés par le gouverneur. au moyen d'un corps de police mixte recruté par la voie des engagements volontaires et composé à raison de sept hommes par mille habitants. L'exécution par garnisaires devant être abolie et devant être remplacée par d'autres modes de contrainte, tels que la saisie et l'emprisonnement, il sera interdit aux agents de police, sous les peines les plus sévères, d'exiger des habitants aucune rétribution, soit en argent, soit en nature. Ils devront porter un uniforme ou quelque signe extérieur de leurs fonctions, et, dans l'exécution d'un ordre quelconque de l'autorité, on emploiera, autant que possible, des agents appartenant à la nation ou au rite de l'individu que cette mesure concernera. Jusqu'à ce que la police locale ait été reconnue, par le gouvernement, en état de faire face à tous les devoirs qui lui seront imposés en temps ordinaires, les routes de Beyrouth à Damas et de Saïda à Tripoli seront occupées par les troupes impériales ; ces troupes seront sous les ordres du gouverneur de la Montagne. En cas extraordinaire et de nécessité, et après avoir pris l'avis du mejlis administratif central, le gouverneur pourra requérir, auprès des autorités militaires de la Syrie, l'assistance des troupes régulières. L'officier qui commandera ces troupes en personne devra se concerter, pour les mesures à prendre, avec le gouvernement de la Montagne, et, en conservant son droit d'initiative et d'appréciation pour toutes les questions purement militaires, telles que les questions de stratégie et de discipline, il sera subordonné au gouverneur de la Montagne durant le temps de son séjour dans le Liban, et agira sous la responsabilité de ce dernier. Les troupes se retireront de la Montagne aussitôt que le gouverneur aura officiellement déclaré à leur commandant que le but pour lequel elles ont été appelées a été atteint.

ART. 16

La Sublime-Porte ottomane se réservant le droit de lever, par l'intermédiaire du gouverneur du Liban, 3.500 bourses qui constituent aujourd'hui l'impôt de la Montagne, impôt qui pourra être augmenté jusqu'à la somme de 7.000 bourses, lorsque les circonstances le permettront, il est bien entendu que le produit de ces impôts sera affecté, avant tout, aux frais d'administration de la Montagne et à ses dépenses d'utilité publique ; le surplus seulement, s'il y a lieu, entrera dans les caisses de l'Etat.

Si les frais généraux strictement nécessaires
à la marche régulière de l'adminisration dépas-
sait le produit des impôts, la Sublime Porte
aurait à pourvoir à ces excédents de dépenses.

Mais il est bien entendu que, pour les travaux publics et autres dépenses extraordinaires,
la Sublime-Porte n'en serait responsable qu'autant qu'elle les aurait préalablement approuvés.

ART. 17

Il sera procédé, le plus tôt possible, au
recensement de la population par commune et
par rite, et à la levée du cadastre de toutes les
terres cultivées.

Arrêté et conservé à Péra, le 9 juin 1861.

> Signé : 'AALI,
> H. L. BULWER,
> LAVALETTE,
> PROKESCH-OSTEN,
> GOLTZ,
> LOBANOFF.

PROTOCOLE

Adopté par la Porte et les représentants des
cinq grandes puissances, à la suite de l'entente

à laquelle a donné lieu, de leur part, l'examen du projet de règlement élaboré par une commission internationale pour la réorganisation du Liban. Ce projet de règlement, daté du 1er mai 1861, ayant été, après modifications, introduites d'un commun accord, converti en règlement définitif, sera promulgué, sous la forme de firman, par S. M. I. le Sultan, et communiqué officiellement aux représentants des cinq grandes puissances.

L'article premier a donné lieu à la déclaration suivante faite par S. A. 'Aali pacha et acceptée par les cinq représentants :

« Le gouverneur chrétien chargé de l'administration du Liban sera choisi par la Porte, dont il relèvera directement. Il aura le titre de mouchir et il résidera habituellement à Deïr-el-Kamar, qui se trouve replacé sous son autorité directe. Investi de l'autorité pour trois ans, il sera néanmoins amovible, mais sa révocation ne pourra être prononcée qu'à la suite d'un jugement. Trois mois avant l'expiration de son mandat, la Porte, avant d'aviser, provoquera une nouvelle entente avec les représentants des grandes puissances. »

Il a été entendu également que le pouvoir conféré par la Porte à ce fonctionnaire, de nommer sous sa responsabilité les agents administratifs, lui serait conféré une fois pour toutes, au moment où il serait lui-même investi de l'autorité, et non pas à propos de chaque nomination.

Relativement à l'article 10, qui a trait aux procès entre les sujets ou protégés d'une puissance étrangère, d'une part, et les habitants de la Montagne, d'autre part, il a été convenu qu'une commission mixte siégeant à Beyrouth serait chargée de vérifier et de réviser les titres de protection.

Afin de maintenir la sécurité et la liberté de la grande route de Beyrouth à Damas, en tout temps, la Sublime-Porte établira un blockhaus sur le point de ladite route qui lui paraîtra le plus convenable.

Le gouverneur du Liban pourra procéder au désarmement de la Montagne lorsqu'il jugera les circonstances et le moment favorables.

Péra, le 9 juin 1861.

> Signé : 'Aali,
> H. L. Bulwer,
> Lavalette,
> Prokesch-Osten,
> Goltz,
> Lobanoff.

ARTICLE ADDITIONNEL

Il est bien entendu que le chiffre de 7.000 bourses mentionné dans l'article 16 du règlement du 9 juin 1861, ne constitue pas une limite absolue, et que si, d'une part, avant d'élever l'impôt de la Montagne jusqu'à concurrence de cette somme, il convient d'attendre que la crise causée par les derniers événements ait cessé, il se peut, d'autre part, que l'augmentation des dépenses résultant de la nou-organisation nécessite la levée de contributions dont le total, ajouté à l'ancien impôt, dépasserait même le chiffre de 7.000 bourses.

Le gouverneur devra, d'ailleurs, n'user de cette faculté qu'avec une extrême réserve, et rechercher toujours et avant tout un juste équilibre entre les recettes et les dépenses ordinaires de la Montagne.

Fait le 9 juin 1861.

Lors du renouvellement du mandat de Daoud pacha, le statut du Liban fut modifié comme suit :

SECOND RÈGLEMENT ORGANIQUE DU LIBAN
(6 septembre 1864)

ARTICLE PREMIER

Le Liban sera administré par un gouverneur chrétien nommé par la Sublime-Porte et relevant d'elle directement.

Ce fonctionnaire amovible sera investi de toutes les attributions du pouvoir exécutif, veillera au maintien de l'ordre et de la sécurité publique dans toute l'étendue de la Montagne, percevra les impôts et nommera sous sa responsabilité, en vertu du pouvoir qu'il recevra de S. M. I. le Sultan, les agents administratifs ; il instituera les juges, convoquera et présidera le mejlis administratif central, et procurera l'exécution de toutes les sentences légalement rendues par les tribunaux, sauf les décisions prévues par l'article 8.

ART. 2

Il y aura, pour toute la Montagne, un mejlis administratif central composé de douze membres délégués par les mudirats et répartis entre les différents mudirats dans la proportion suivante :

1° et 2° Les deux mudirats de Kesraouann délégueront chacun un maronite ;

3° Le mudirat de Gezzin, un maronite, un druze et un musulman ;

4° Le mudirat d'El-Matn, un maronite, un grec orthodoxe, un druze et un metouali ;

5° El-Chouf, un druze ;

6° El-Koura, un grec orthodoxe ;

7° Zahleh, un grec catholique.

Le mejlis administratif sera chargé de répartir l'impôt, contrôler la gestion des revenus et des dépenses et donner son avis consultatif sur toutes les questions qui lui seront posées par le gouverneur.

Art. 3

La Montagne sera divisée en sept arrondissements administratifs, savoir :

1° El-Koura, y compris la partie inférieure et les autres fractions de territoire avoisinantes dont la population appartient au rite grec orthodoxe, moins la ville d'El-Calmounn située sur la côte et à peu près exclusivement habitée par les musulmans ;

2° La partie septentrionale du Liban comprenant Joubbet-Becharri, Ez-Zaouia et Belad-el-Batrounn ;

3° La partie septentrionale du Liban comprenant Belat - Gebaïl, Joubbet - el - Mouncitra, Fatouh et Kesraouann proprement dit jusqu'au Nahr-el-Kalb ;

4° Zahleh et son territoire ;

5° El-Matn, y compris le Sahel chrétien et les territoires d'El-Katé et de Salima ;

6° Le territoire situé au sud de la route de Damas jusqu'à Gezzinn ;

7° Gezzinn et El-Teffah.

Il y aura, dans chacun de ces arrondissements, un agent administratif nommé par le gouverneur et choisi dans le rite dominant, soit par le chiffre de la population, soit par l'importance de ses propriétés.

Art. 4

Les arrondissements administratifs seront divisés en cantons dont le territoire sera à peu près réglé sur celui des anciens iklims.

A la tête de chaque canton, il y aura un agent nommé par le gouverneur sur la proposition du chef de l'arrondissement, et à la tête de chaque village un cheikh choisi par les habitants et nommé par le gouverneur.

Art. 5

Egalité de tous devant la loi, abolition de tous les privilèges féodaux, et notamment de ceux qui appartiennent aux moukata'jis.

Art. 6

Il y aura, dans la Montagne, trois tribunaux de première instance, composés chacun d'un juge et d'un substitut nommés par le gouverneur, et de six défenseurs d'office, désignés par les communautés, et au siège du gouverneur un mejlis judiciaire supérieur, composé de six juges choisis et nommés par le gouverneur dans les six communautés : musulmane, sounnite et metouali, maronite, druze, grecque orthodoxe, grecque catholique, et de six défenseurs d'office désignés par chacune de ces communautés, et auxquels on adjoindra un juge et un défenseur d'office des cultes protestant et israélite, toutes les fois qu'un membre de ces communautés aura des intérêts engagés dans le procès.

Le tribunal supérieur sera présidé par un fonctionnaire nommé ad hoc par le gouverneur.

Il est réservé au gouverneur la faculté de

doubler le nombre des tribunaux de première instance, dans le cas où des nécessités locales en auront constaté l'urgence et de fixer, en attendant, les localités où devront fonctionner les trois tribunaux de première instance, dans l'intérêt de la distribution régulière de la justice.

Art. 7

Les cheiks de village, remplissant les fonctions de juges de paix, jugeront sans appel jusqu'à concurrence de deux cents piastres.

Les affaires au-dessus de deux cents piastres seront de la compétence des mejlis judiciaires de première instance.

Les affaires mixtes, c'est-à-dire entre particuliers n'appartenant pas à un même rite, quelle que soit la valeur engagée dans le procès, seront immédiatement portées devant le tribunal de première instance, à moins que les parties ne soient d'accord pour reconnaître la compétence des juges de paix du défenseur.

En principe, toute affaire sera jugée par la totalité des membres du mejlis. Néanmoins, quand toutes les parties engagées dans le procès appartiendront au même rite, elles auront le droit de récuser le juge appartenant à un rite différent. Mais, dans ce cas, les juges récusés devront assister au jugement.

Art. 8

En matière criminelle, il y aura trois degrés de juridiction. Les contraventions seront jugées par les cheikhs de village, remplissant les fonctions de juges de paix ; les délits, par les tribunaux de première instance, et les crimes par le mejlis judiciaire supérieur, dont les sentences ne pourront être mises à exécution qu'après l'accomplissement des formalités d'usage dans le reste de l'Empire.

Art. 9

Tout procès en matière commerciale sera porté devant le tribunal de commerce de Beyrouth, et tout procès, même en matière civile, entre sujet ou protégé d'une puissance étrangère et un habitant de la Montagne, sera soumis à la juridiction de ce même tribunal.

Toutefois, autant que possible, et après entente entre les parties, les contestations entre les habitants du Liban et des sujets étrangers pourront être jugées par arbitrage, et dans ce cas, l'autorité impériale du Liban et les consulats des puissances amies seront tenus de faire exécuter les sentences arbitrales.

Mais dans le cas où les contestations seraient d'entente entre les parties de soumettre leur portées devant le tribunal de Beyrouth, faute différend à un arbitrage, la partie perdante sera tenue de payer les frais de déplacement d'après un tarif établi d'accord entre le gouverneur du Liban et le corps consulaire de Beyrouth et sanctionné par la Sublime-Porte. Il reste bien entendu que les actes de compromis devront être rédigés légalement, signés par les parties et enregistrés tant au tribunal de Beyrouth qu'au mejlis judiciaire supérieur de la Montagne.

Art. 10

Les juges sont nommés par le gouverneur ; les membres du mejlis administratif sont élus dans les arrondissements par les cheikhs de village.

Les cheikhs de village sont choisis par la population de chaque village.

Le personnel du mejlis administratif sera renouvelé par tiers tous les deux ans, et les membres sortants pourront être réélus.

ART. 11

Tous les juges seront rétribués. Si, après enquête, il est prouvé que l'un d'entre eux a prévariqué ou s'est rendu, par un fait quelconque, indigne de ses fonctions, il devra être révoqué et sera, en outre, passible d'une peine proportionnée à la faute qu'il aura commise.

ART. 12

Les audiences de tous les mejlis judiciaires seront publiques, et il en sera rédigé procès-verbal par un greffier institué *ad hoc*. Ce greffier sera, en outre, chargé de tenir un registre de tous les contrats portant aliénation de biens immobiliers, lesquels contrats ne seront valables qu'après avoir été soumis à la formalité de l'enregistrement.

ART. 13

Les habitants du Liban qui auraient commis un crime ou délit dans un autre sandjak, seront justiciables des autorités de ce sandjak ; de même que les habitants des autres arrondissements qui auraient commis un crime ou délit dans la circonscription du Liban, seront justiciables des tribunaux de la Montagne.

En conséquence, les individus indigènes ou non-indigènes qui se seraient rendus coupables d'un crime ou délit dans le Liban et qui se seraient évadés dans un autre sandjak, seront, sur la demande de l'autorité de la Montagne, arrêtés par celle du sandjak où ils se trouvent et remis à l'administration du Liban. De même les indigènes de la Montagne ou les habitants d'autres départements qui auraient commis un crime ou délit dans un sandjak quelconque et autre que le Liban, et qui s'y seront réfugiés, seront, sans retard, arrêtés par l'autorité de la Montagne, sur la demande de celle du sandjak intéressé, et seront remis à cette dernière autorité. Les agents de l'autorité, qui auraient apporté une négligence ou des retards non justifiés dans l'exécution des ordres relatifs au renvoi des coupables devant les tribunaux compétents, seront, comme ceux qui chercheraient à dérober ces coupables aux poursuites de la police, punis conformément aux lois.

Enfin, les rapports de l'administration du Liban avec l'administration respective des autres sandjaks seront exactement les mêmes que les relations qui existent et qui seront entretenues entre tous les sandjaks de l'Empire.

Art. 14

En temps ordinaire, le maintien de l'ordre et l'exécution des lois seront exclusivement assurés par le gouverneur, au moyen d'un corps de police mixte, recruté à raison de sept hommes environ par mille habitants.

L'exécution par garnissaires devant être abolie et remplacée par d'autres modes de contrainte, tels que la saisie ou l'empriisonnement, il sera interdit aux agents de police, sous les peines les plus sévères, d'exiger des habitants aucune rétribution, soit en argent, soit en nature. Ils devront porter un uniforme ou quelque signe extérieur de leurs fonctions.

Jusqu'à ce que la police locale ait été reconnue, par le gouverneur, en état de faire face à tous les devoirs qui lui seront imposés en temps ordinairee, les routes de Beyrouth à Damas et de Saïda à Tripoli seront occupées par des troupes impériales. Ces troupes seront sous les ordres du gouverneur de la Montagne.

En cas extraordinaire et de nécessité, et après avoir pris l'avis du mejlis administratif central, le gouverneur pourra requérir, auprès des autorités militaires de la Syrie, l'assistance des troupes régulières.

L'officier qui commandera ces troupes en personne devra se concerter, pour les mesures à prendre, avec le gouverneur de la Montagne, et, tout en conservant son droit d'initiative et d'appréciation pour toutes les questions purement militaires, telles que les questions de stratégie et de discipline, il sera subordonné au gouverneur de la Montagne, durant le temps de son séjour au Liban, et il agira sous la responsabilité de ce dernier.

Ces troupes se retireront de la Montagne aussitôt que le gouverneur aura officiellement déclaré à leur commandant que le but pour lequel elles ont été appelées a été atteint.

Art. 15

La Sublime-Porte se réservant le droit de lever, par l'intermédiaire du gouverneur du Liban, les 3.500 bourses qui constituent aujourd'hui l'impôt de la Montagne, impôt qui pourra être augmenté jusqu'à la somme de 7.000 bourses lorsque les circonstances le permettront, il est bien entendu que le produit de ces impôts sera affecté, aux frais d'administration de la Montagne et à ses dépenses d'utilité publique ; le surplus seulement, s'il y a lieu, entrera dans les caisses de l'Etat.

Si les frais généraux, strictement nécessaires à la marche régulière de l'administration, dépassent le produit des impôts, c'est au Trésor impérial à pourvoir à ces excédents de dépenses.

Le béchaliks ou revenus des domaines impériaux, étant indépendants de l'impôt, seront versés dans la caisse du Liban, au crédit de la comptabilité de cette caisse avec le Trésor impérial.

Mais il est entendu que, pour les travaux publics ou autres dépenses extraordinaires, la Sublime-Porte n'en serait responsable qu'autant qu'elles les aurait préalablement approuvés.

Art. 16

Il sera procédé, le plus tôt possible, au recensement de la population par commune et par rite à la levée du cadastre de toutes les terres cultivées.

Art. 17

Dans toute affaire, où les membres du clergé séculier ou régulier sont seuls engagés, ces parties prévenues ou accusées resteront soumises à la juridiction ecclésiastique, sauf les cas où l'autorité épiscopale demanderait le renvoi devant les tribunaux ordinaires.

ART. 18

Aucun établissement ecclésiastique ne pourra donner asile aux individus, soit ecclésiastiques, soit laïques, qui sont l'objet de poursuites du ministère public.

Arrêté et convenu, à Constantinople, le six septembre mil huit cent soixante-quatre.

Signé : 'AALI,
H. L. BULWER,
LAVALETTE,
PROKESCH-OSTEN,
GOLTZ,
LOBANOFF.

CHAPITRE VII

Division administrative
et villes principales

Les limites administratives du Liban ont
varié avec les siècles. Plusieurs émirs ont
gouverné non seulement la province actuelle
du Liban, ainsi que les villes de Beyrouth,
Tripoli, Saïda, Sour, Hasbaya, Rachaya et
Ba'albek avec leurs territoires et celui d'El-
Beka' ; leur autorité s'est même exercée
jusque sur la ville de Tartous au nord et celles
de Safad et de Nablous au sud. La carte dressée
par l'état-major du corps expéditionnaire français de Syrie en 1860-1861 et le tableau statistique de la population des districts du Liban [1],
qui l'accompagne, reconnaissent à ce dernier
pays les circonscriptions suivantes :

1° Les districts qui forment actuellement la

1. Voir page 165.

province autonome du Liban ; 2° la ville de Beyrouth à l'ouest, celle de Tripoli et les districts de 'Akkar et de Dennïeh au nord, la ville de Saïda et les districts de Choumar, de Belad-ech-Chékif, de Belad-Bechara, de Merj-Ayounn et d'El-Houleh au sud, qui relèvent maintenant du vilayet de Beyrouth ; 3° les districts de Hasbaya, de Rachaya, d'El-Beka' et de Ba'albek, à l'est, qui dépendent du vilayet de Syrie. Les vilayets sont des départements de l'empire ottoman ; ils ne jouissent pas de la même autonomie que le Liban, et sont soumis à l'administration directe de la Sublime-Porte.

Voici une description sommaire des différents districts énumérés ci-dessus.

LE LIBAN AUTONOME

LIMITES. — Cette province, appelée en arabe *mountaçarrefiat-Gebel-Lebnann*, est borné, au nord, par les districts de Tripoli et de 'Akkar, appartenant à l'arrondissement de Tripoli ; au sud, par le district de Saïda qui relève de l'arrondissement de Beyrouth ; à l'ouest, par la ville de Beyrouth et la mer Méditerranée, et, à l'est, par les districts de Ba'albek, d'El-Beka' et de Merj-'Ayounn, qui dépendent de l'arrondissement de Damas. La ville de Beyrouth est enclavée dans la province du Liban, et, par conséquent, entièrement séparée du reste du vilayet dont elle est le chef-lieu. Le territoire autonome s'étend sur une longueur de cent trente kilomètres environ et une largeur moyenne de trente et un kilomètres ; sa superficie est de quatre mille kilomètres carrés approximativement.

POPULATION. — D'après le recensement de 1914, la population de la province autonome du Liban s'élève à 404.000 habitants, dont 233.000 maronites, 52.000 grecs orthodoxes, 47.000 druzes, 30.000 grecs catholiques, 24.000 metoualis, 15.000 musulmans sounnites et 3.000 divers. Mais ces chiffres sont bien au-dessous de la réalité, et l'on peut évaluer le total de la population de cette province à 440.000 âmes.

ADMINISTRATION. — Le Liban est administré par un gouverneur général de religion catholique, qui est nommé par le Sultan de Turquie, après entente avec les Grandes Puissances, pour une durée de cinq ans, mais dont les pouvoirs peuvent être renouvelés. Il nomme et révoque les fonctionnaires et employés de tout rang et de toute catégorie. Il est assisté d'un conseil administratif (mejlis-idara), composé de treize membres, dont cinq maronites, trois druzes,

deux grecs orthodoxes, un grec catholique, un
sounnite et un métouali. Ce conseil, présidé par
le gouverneur général ou son représentant
(ouékil) qui est maronite, est chargé, aux
termes du statut organique du Liban, de répartir l'impôt, de contrôler la gestion des revenus
et des dépenses et de donner son avis consultatif sur toutes les questions qui lui sont posées
par le gouverneur général. En vertu de cette
disposition, le conseil administratif arrête le
budget, autorise les dépenses de toute nature,
en vérifie le payement, procède lui-même à
l'adjudication et à la réception des travaux et
des fournitures et, en un mot, centralise entre
ses mains toute l'administration financière du
Liban.

Les services administratifs du siège central
comprennent un bureau des affaires étrangères
et de traduction, un bureau pour la correspondance arabe ou de l'intérieur et un bureau pour
la correspondance turque, la direction de la
comptabilité, la section des archives, celle des
travaux publics et les services auxiliaires relevant de ces divers bureaux. A la tête de la
comptabilité se trouve un directeur turc,
nommé par le ministère des finances ottoman.
Le rôle de ce service se borne à percevoir les
revenus, à effectuer les payements et à tenir

les écritures, le contrôle des recettes et des dépenses étant du ressort du conseil administratif.

Finances. — Le budget est alimenté principalement par les contributions directes : impôt foncier et impôt personnel. Les autres recettes sont : les produits des domaines nationaux, les droits judiciaires, les droits de passeport, la taxe sur les moutons et les chèvres, la contribution payée par la régie ottomane des tabacs pour la consommation de ses produits au Liban, les permis de chasse, la taxe sur les voitures, les charrettes, les moulins, les pressoirs d'huile, etc. Aucun impôt ne grève la propriété bâtie. Les Libanais ne sont pas soumis à la taxe d'exonération du service militaire, ni aux droits de patente, ni aux impositions indirectes qui atteignent le contribuable sous forme de monopoles. Cependant une contribution spéciale a été constituée pour l'entretien des routes, qui atteint tous les contribuables. Pour la construction des routes et autres travaux publics, des taxes spéciales sont également instituées pour la circonstance, basées sur la quotité de l'impôt foncier et personnel, et perçues des habitants des villages intéressés.

Les ressources budgétaires ordinaires, qui produisent, au total 70.000 livres turques

(1.610.0000 francs) environ par an, sont loin de suffire aux charges de l'administration et aux besoins du pays. Conformément à l'article 15 du statut organique, le déficit du budget libanais devrait être couvert par le trésor ottoman ; mais, malgré les instances des gouverneurs qui se sont succédé à la tête de l'administration de la Montagne, cette disposition de l'accord international est restée lettre morte depuis 1877, et les sommes dues de ce chef par le gouvernement de Constantinople se sont accumulées d'année en année jusqu'à dépasser un demi-million de livres turques (11.500.000 francs).

Pour équilibrer le budget, l'administration libanaise s'est vue contrainte de créer des ressources non prévues par le statut, et de comprimer les dépenses jusqu'à la dernière limite, en réduisant les traitements des fonctionnaires et employés, en fermant toutes les écoles nationales et en ajournant indéfiniment les travaux d'utilité publique qui ne sont pas défrayés par une imposition spéciale. Le gouverneur général émargeait 3.600 livres turques par an (82.800 francs) ; il a été ramené au chiffre, encore très élevé, de 2.400 livres (55.200 francs), et reçoit, en outre, une allocation supplémentaire de 780 livres (17.940 francs). Les autres fonctionnaires et employés touchent des émolument très modiques. Le vice-président du conseil administratif reçoit 420 livres (9.660 francs). Les fonctionnaires les plus élevés en grade après lui atteignent un maximum de 360 livres (8.280 francs) ; la solde du colonel de gendarmerie est de 279 livres (6.417 francs) ; le président de la cour d'appel et le substitut du procureur général émargent 240 livres (5.520 francs) ; les conseillers de la cour d'appel, 180 livres (4.140 francs) ; les présidents des tribunaux de première instance, 120 livres (2.760 francs) ; les juges, 90 et 60 livres. Le traitement des employés des services administratif et judiciaire varie entre 216 et 36 livres (4.968 et 828 francs).

Nonobstant l'insuffisance de ses revenus, le budget du Liban est privé d'une ressource annuelle qui n'est pas inférieure à 100.000 livres turques (2.300.000 francs). Cette somme représente le montant des droits de douane perçus, au profit du trésor ottoman, tant à Beyrouth, Tripoli et Saïda, que dans les ports de la province autonome du Liban, sur les marchandises imposées d'outre-mer pour l'usage des habitants de cette province et sur les produits de son sol et de son industrie exportés à l'étranger. L'équité commandait, cependant, de faire profiter le Liban, à l'instar de tous les pays du monde, du montant les droits perçus sur sa consommation et sa production. Il aurait également été juste que le bénéfice résultant du monopole de la vente du tabac, du tombac (tabac persan pour le narguileh) et du sel, ainsi que le produit de la taxe sur l'alcool et les spiritueux consommés sur son territoire, fissent retour au Liban, au lieu d'être versés au ministère des finances ottoman.

Justice. — Le service judiciaire comprend, au siège central du gouvernement, une cour d'appel en matière civile et une cour jugeant au criminel, ayant chacune un président et six membres appartenant aux communautés maronite, grecque orthodoxe, druze, grecque catholique, metouali et sounnite. On adjoint à ces cours un représentant des cultes protestant et israélite toutes les fois qu'un membre de ces communautés est en cause. Le président de la cour civile est maronite, celui de la cour criminelle est druze. Un seul procureur général remplit auprès des deux cours les fonctions du ministère public. Dans chaque district siège un tribunal composé d'un président et de deux juges. Le président appartient au rite dominant dans le district ; les autres communautés les plus nombreuses sont repré-

sentées par les juges. Les procès en matière
commerciale ressortissaient au tribunal de
commerce de Beyrouth, jusqu'au dernier pro-
tocole de décembre 1912, d'après lequel les
tribunaux de la Montagne seront compétents
en première et deuxième instances. Les questions du statut personnel sont de la compétence du clergé chez les Chrétiens, des cadis
chez les Musulmans et les Metoualis et des
cheikhs-el-'akl chez les Druzes. L'organisation
actuelle de la justice au Liban, telle qu'elle
vient d'être exposée, diffère de celle qui est
prévue par le statut de 1864.

INSTRUCTION. — L'instruction est assez
répandue au Liban. Il existe plus de 800
établissements scolaires : collèges, séminaires,
écoles primaires et élémentaires, fondés et
entretenus par les diverses communautés et
par les ordres religieux latins ou des missionnaires protestants et fréquentés par près de
40.000 élèves des deux sexes. Le nombre
des illettrés dans la population mâle n'est
pas considérable ; mais la proportion est bien
plus élevée dans la population féminine.

MILICE. — La force publique comprend la
gendarmerie libanaise et un détachement de
dragons ottomans, qui tient garnison à Beit-
ed-Dinn, sur la demande d'un des premiers

gouverneurs généraux, après avis favorable du conseil administratif. La gendarmerie se compose d'un colonel, de deux chefs de bataillons, d'une cinquantaine d'adjudants-majors, capitaines, lieutenants, sous-lieutenants, médecins militaires et officiers d'intendance et d'environ 900 sous-officiers, gendarmes à pied et à cheval et musiciens. Le capitaine est maronite ; il est nommé et révoqué par le gouverneur général avec l'assentiment du ministère de la guerre ottoman. Les chefs de bataillon sont l'un maronite et l'autre druze. L'uniforme des sous-officiers et des gendarmes se rapproche de celui des zouaves français.

Résidence du gouvernement central. — La ville de Deïr-el-Kamar est officiellement le chef-lieu de la province du Liban, mais le gouverneur général réside en été au village de Beit-ed-Dinn, appelé communément Bteddinn, dans le vaste palais de style mauresque construit par l'émir Béchir Chéhab en 1814, sur le penchant d'une colline, à moins de deux kilomètres de Deïr-el-Kamar. Ce palais est aussi le siège du gouvernement. En hiver, les bureaux se transportent dans le bourg de Ba'abda, à huit kilomètres au sud-est de Beyrouth, tandis que le gouverneur général établit généralement sa résidence dans cette dernière ville.

CIRCONSCRIPTIONS ADMINISTRATIVES. — La province autonome du Liban est divisée en 8 districts, qui comprennent 47 cantons et 943 villes, bourgs, villages et hameaux. Ces districts sont, d'après l'ordre d'importance de leur population : *Ech-Chouf, El-Matn, El-Batrounn, Kesraouann, Gezzin, El-Koura, Zahleh et Deïr-el-Kamar.* Ils sont administrés par des *caïmacams* (sous-préfets) et sont désignés, pour cette raison, sous le nom de *caïmacamïehs ;* on les appelle aussi *cadas* (caza en turc, c'est-à-dire territoire, sous la direction d'un cadi ou juge). Cependant, le petit district de Deïr-el-Kamar est placé sous l'autorité d'un *moudir.* Les caïmacams et le moudir de Deïr-el-Kamar relèvent directement du gouverneur général. Chaque district, sauf ceux de Zahleh et de Deïr-el-Kamar, se subdivise en *moudiriehs* (cantons), ayant à leur tête des agents administratifs rétribués appelés *moudirs,* qui dépendent des caïmacans et sont nommés sur leur proposition.

District d'Ech-Chouf. — Ce district est situé dans la partie méridionale du Liban, entre le district d'El-Matn au nord et celui de Gezzinn au sud, et entre la mer à l'ouest et la plaine d'El-Béka' à l'est. Il est partagé en 13 cantons contenant 220 localités ; sa population est de 110.000 habitants, répartis en 41.000 druzes, 34.800 maronites, 11.700 sounnites, 11.000 grecs orthodoxes, 8.200 melkites, 1.500 metoualis et 1.800 divers. Le caïmacam et le président du tribunal sont druzes.

Le chef-lieu du district est Ba'aklinn, gros bourg qui s'élève sur un mamelon couvert d'oliviers, à deux kilomètres et demi en ligne droite au sud de Deïr-el-Kamar, dont il est séparé par une profonde vallée, et à vingt-quatre kilomètres au sud-est de Beyrouth. Ce bourg fut construit par les émirs Ma'nn et était le siège de leur gouvernement avant qu'ils vinssent résider à Deïr-el-Kamar. Il est à l'altitude de plus de 1.000 mètres et compte 5.500 habitants presque entièrement druzes. Pendant la saison d'hiver, la ville de Chouei-fad devient le siège de l'administration du district. Elle est construite sur la lisière de la forêt d'oliviers qui porte son nom, à dix kilomètres au sud de Beyrouth et à deux cents mètres environ au-dessus du niveau de la mer. On évalue ses habitants à 4.500, dont la majorité est druze et le reste grec orthodoxe et maronite ; leur principale industrie est la fabrication de l'huile d'olive.

'Aley, Souk-el Garb, Bmekkin, Bhamdounn,

Aïnn-Zehalta et Aïn-Sofar sont des stations estivales très fréquentées par les habitants de Beyrouth et les Egyptiens. Ma'allakat-ed-Damour, à peu de distance de la mer et à deux kilomètres au nord de l'embouchure du fleuve Tamyras, possède les plus belles plantations de mûriers du Liban. Les autres centres de population les plus importants sont : Btéter, Rechmaya, 'Abeih, 'Arâmounn, El-Barouk, El-Moukhtara où les Jomblat possèdent un palais, Mazra'at-ech-Chouf et Niha, à 1.100 mètres d'altitude. Dans le voisinage de ce dernier village, un rocher de trois cents mètres de haut forme une forteresse naturelle, dans laquelle l'émir Fakhr-ed-Dinn Ma'nn soutint un siège contre les Ottomans en 1632.

District d'El-Matn. — Ce district occupe le centre du Liban ; de cette circonstance, il tire son nom qui veut dire en arabe, dos, milieu. Il forme à peu près un parallélogramme resserré entre le district d'Ech-Chouf au sud et celui de Kesraouann au nord, et s'étendant de la mer et de la banlieue de Beyrouth à l'ouest jusqu'à Zaleh et aux plaines d'El-Beka' et de Ba'albek à l'est. Il comprend 6 cantons et 179 villes, bourgs, villages et hameaux et compte 98.000 habitants, dont 60.700 maronites, 16.600 grecs orthodoxes, 10.000 druzes, 6.300

melkites, 3.500 metoualis et 900 sounnites et divers. Le caïmacam et le président du tribunal sont maronites.

Le siège de l'administration, en hiver, est El-Gedaïda, village de 800 habitants environ, sis à un kilomètre du rivage de la mer et à six kilomètres à l'est de Beyrouth. En été, les bureaux se transportent à Bhannis, petit village qui s'élève à trois kilomètres et demi au sud-ouest de Bikfaya. Cette dernière ville est une des plus considérables du district. Bâtie sur une hauteur, à 950 mètres d'altitude, au-dessous d'un bois de pins et de nombreux vignobles, et jouissant d'une belle vue sur la mer et la vallée profondément encaissée du Nahr-el-Kalb, Bikfaya possède un bon climat, bien que les brouillards n'y soient pas rares en été. Le vin qu'on y fabrique est excellent. Elle est distante de dix-sept kilomètres de Beyrouth, dans la direction de l'est, et elle est devenue un centre favori de villégiature. Sa population est de 3.500 âmes, dont la majorité est maronite. Les grecs orthodoxes y sont nombreux, et on y compte quelques familles grecques catholiques.

A cinq kilomètres à l'ouest de Bikfaya est situé le collège maronite de Kornet-Chahouann, résidence de l'archevêque de Chypre. La ville de Beit-Chabab, renommée pour sa fabrique de cloches, ses tissus de coton et ses poteries, est à deux kiomètres au nord de Bikfaya ; elle compte 5.000 habitants, presque tous maronites. Biskinta, gros bourg de 4.000 habitants, s'élève à 1.430 mètres d'altitude, sur le versant occidental du Gebel-Sannin à l'est de Bikfaya. On peut citer encore le bourg de Chouaïr, où l'élément grec orthodoxe domine et dont le climat est très sain ; le bourg de Hammana, renommé pour ses filatures de soie, et non loin duquel prend naissance l'un des affluents du Nahr-Beyrouth ; les bourgs de Bas-el-Matn, Salima, El-Moutaïnn et 'Antourat-el-Moutaïnn (1.360 mètres de hauteur) ; le bourg de Ba'abda, siège du gouvernement libanais en hiver, et le bourg d'El-Hadeth, où subsistent encore les ruines de palais des émirs Chéhab. Les villages de Beit-Meri et de Broummana, assis sur une crête de montagne, à une hauteur de 700 à 750 mètres, dans un site admirable, et entourés de bois de pins, sont très fréquentés pendant la saison d'été, en raison de leur proximité de Beyrouth.

District d'El-Batrounn. — Ce district est le plus septentrional du Liban, il est borné au sud par le district de Kesraouann, à l'est par la plaine de Ba'albek, au nord par les districts de Tripoli et de 'Akkar et à l'ouest par le district d'El-Koura et la mer. Il est divisé en 9 cantons, comprenant 15o communes. La population est de 91.000 âmes, dont 77.000 maronites, 6.900 metoualis, 5.400 grecs orthodoxes, 1.100 melkites et 6oo sounnites. Le caïmacam et le président du tribunal sont maronites.

Le chef-lieu est la ville d'El-Batrounn (l'ancienne Botrys), sur la Méditerranée, à 43 kilomètres à vol d'oiseau au nord de Beyrouth. Fondée par Ythob'al, roi de Tyr, au x° siècle avant J.-C., pour servir de forteresse et défendre la côte, elle n'acquit jamais une grande importance et fut ruinée par un tremblement de terre en l'an 55o de notre ère. On y voit des grottes sépulcrales et des sarcophages qui datent des Phéniciens. Cette ville compte actuellement 4.000 habitants, dont la majorité est maronite. El-Hadeth, gros village maronite, situé dans un cadre merveilleux, à 1.55o mètres au-dessus du niveau de la mer et à 26 kilomètres à l'est d'El-Batrounn, est le siège de l'administration du district en été.

A moins de deux kilomètres au nord d'El-Hadeth, on aperçoit la résidence d'été du patriarche maronite à Ed-Dimann. Becharri, à huit kilomètres à l'est d'El-Hadeth, est un gros bourg maronite de quatre mille âmes, bâti à

1.500 mètres d'altitude sur le bord de la gorge du Nahr-Kadicha, à quelque distance au-dessous du célèbre bois de cèdres. Les autres bourgs et villages les plus remarquables sont : Ehdenn (1.445 mètres), qui domine la vallée du Nahr-Kadicha, à 7 kilomètes au nord d'El-Hadeth, et dont le climat est un des meilleurs du Liban ; Hasrounn, dans un site pittoresque, à 4 kilomètres à l'est d'El-Hadeth ; Zegharta, à 7 kilomètres au sud-est de Tripoli, résidence d'hiver des habitants d'Ehdenn ; Tannourinn-el-Foka, et Douma à 1.250 mètres d'altitude. Le village metouali d'El-Hirmil, situé à 2 kilomètres à l'ouest du Nahr-el-Aci, dans un pays boisé, est enclavé dans le district de Ba'albek.

District de Kesraouann. — Ce district est borné au nord par le district d'El-Batrounn, à l'est par celui de Ba'albek, au sud par le district d'El-Matn, dont il est séparé par le Nahr-el-Kalb, et à l'ouest par la mer. Il se compose de 10 cantons, renferme 234 centres de population et compte 68.000 habitants, savoir : 57.700 maronites, 9.600 metoualis, 1.900 grecs orthodoxes et 800 melkites et sounnites. Le caïmacam et le président du tribunal sont maronites.

Les bureaux résident, en été, à Ghazir et, en

hiver, à Jounieh. Ghazir est un gros bourg bâti en amphithéâtre sur un coteau faisant face à la mer, à une vingtaine de kilomètres au nord-est de Beyrouth. Comme il ne s'élève qu'à 300 mètres d'altitude, la température n'y est pas très fraîche durant la saison des chaleurs. Les eaux courantes y sont abondantes. On y remarque un collège maronite, sur un mamelon dominant la vallée, et l'ancien collège tenu par les Jésuites avant la fondation de leur université à Beyrouth en 1875. Ghazir compte 3.500 habitants. tous maronites. La petite ville de Jounieh, sise au fond de la baie dont elle porte le nom, à 16 kilomètres au nord-est de Beyrouth, est l'échelle maritime la plus importante de la province du Liban et un entrepôt considérable de céréales ; elle est entourée de jardins et de potagers et possède plusieurs filatures de soie. Jounieh se développe de jour en jour ; sa population est maronite et s'élève à 4.500 âmes.

A un kilomètre et demi au sud, l'on voit Bkirkeh, résidence d'hiver du patriarche maronite. Dans les environs de Jounieh se trouvent le bourg de Zouk-Mikaïl, célèbre par ses tissus de soie, ses brocarts et son eau-de-vie ; le village de Zouk-Mousbeh, qui produit de bons vins ; celui de Sarba ; le village de

Ghousta (Augusta), situé sur une colline couronnée de pins et au nord duquel est le séminaire maronite de 'Aïnn-Oouarka ; le village
de Sahel-'Alma, renommé pour ses jardins
d'orangers, de citronniers et de cédradiers et
où l'on découvre des poissons fossiles, et le
petit village d'Aïnn-Toura (appelé communément 'Antoura), qui n'est connu que par son
collège fondé par les Jésuites vers la fin du
xvii⁰ siècle et dirigé actuellement par les Lazaristes. On remarque sur le versant occidental
de Gebel-Sanninn le village de Mazra'at-Kafr-
Debiann, plus au nord celui de Meirouba sur
le Nahr-es-Salib, un des confluents du Nahr-
el-Kalb, puis le village de Kartaba au-dessus de
la gorge sauvage de Nahr-Ibrahim et celui de
'Akoura, à mille quatre cents mètres d'altitude,
auprès duquel on trouve les vestiges d'une
voie romaine qui traversait le Liban de Gebaïl
à Ba'albek.

A 6 kilomètres au nord de l'embouchure
de Nahr-Ibrahim est la ville maritime de Gebaïl
(autrefois Gebel, la Byblos des Grecs), l'une des
plus anciennes villes de Phénicie et même du
monde. Elle était le centre du culte du dieu
Adonis. On y voit une citadelle construite par
les Croisés et encore bien conservée. La ville
et le fond du port sont parsemés de fragments

12

de colonnes antiques de granit. Aux environs, on a découvert des nécropoles, dont beaucoup de tombeaux sont creusés dans le roc. La population actuelle de Gebaïl est de quatre mille habitants, en majorité maronites. A trois kilomètres au nord, se trouve le gros village de 'Amchit, dont les habitants se servaient, pour la construction de leurs maisons, des pierres des ruines de Gebaïl. A l'est sont les villages d'Ehmej et de Lehfed.

District de Gezzinn. — Ce district forme la partie méridionale du territoire de la province du Liban. Il est borné au nord par le district d'Ech-Chouf, à l'est par les districts d'El-Beka' et de Merj-'Ayounn, au sud et à l'ouest par le district de Saïda. Il comprend 3 cantons et 103 villes, bourgs, villages et hameaux, et sa population est de 27.000 habitants, dont 15.200 maronites, 6.700 melkites, 3.500 metoualis, 800 grecs orthodoxes et autant de sounnites et autres. Les Druzes n'y sont que quelques dizaines. Le caïmacam et le président du tribunal sont maronites.

Le chef-lieu du district est la petite ville de Gezzinn, située à 830 mètres d'altitude sur un mamelon, à 18 kilomètres à l'est de Saïda. La petite rivière qui porte son nom et qui jaillit au pied d'une colline voisine, la traverse, avant de former une cascade appelée Chalouf-Gezzinn et de se précipiter dans la vallée, pour se réunir au Nahr-el-Barouk et former le Nahr-el-Aouali. Cette ville compte 4.000 habitants, dont la grande majorité est maronite et le reste grec-catholique. A 2 kilomètres au nord-ouest, on voit le village de Bkacinn près d'un bois de pins, et plus loin le village de 'Azour au milieu d'une forêt de pin et de chênes, à l'ouest le village de Roum et au sud-ouest celui de Kaïtouleh.

District d'El-Koura. — Ce district est resserré entre celui d'El-Batroum à l'est et au sud, la mer à l'ouest et le district de Tripoli au nord. Sa limite orientale suit le cours du Nahr-Kadicha dans la dernière moitié de sa longueur, jusqu'à quelques kilomètres de Tripoli. El-Koura forme 4 cantons comprenant 49 villages et hameaux. Sa population est de 26.000 habitants, dont 20.400 grecs orthodaxes, 3.400 maronites, 2.200 sounnites. Le caïmacam et le président du tribunal sont grecs-orthodoxes.

L'administration du district réside, en été, à Amiounn, ancienne petite ville à 9 kilomètres de la côte et à 13 kilomètres à l'est-nord-est de la vile d'El-Batrounn. Ses habitants, au nombre de 4.500 sont tous grecs orthodoxes. La résidence d'hiver est Anfa (le Néphin des Croisés), petit village sur le bord de la mer, intéressant par ses ruines anciennes, ses grottes sépulcrales, ses piscines, ses pressoirs et les restes d'un château-fort du temps des Croisades. Les autres localités principales sont Kousba dans une forêt d'oliviers, Bechmezzin, Kafr-Hazir. Chekka, etc. Le village de Heri produit du miel estimé. Le village d'El-Calmounn (Calamos des Anciens), bien qu'enclavé dans le district d'El-Koura et distant de Tripoli de 8 kilomètres au sud-ouest, relève du district auquel cette dernière ville a donné son nom.

District de Zahleh. — Ce district, situé à l'est de la porvince autonome entre le district d'El-Matn et celui d'El-Beka', ne comprend que la seule ville de Zaleh, à laquelle se rattachent les deux petits hameaux de Aïnn-ez-Zaouk et Aïn-el-Mazra'a. Bâtie en amphi-théâtre, à 945 mètres d'altitude, sur deux coteaux, entre lesquels coule le Nahr-el-Ber-daouni, l'un des affluents du Nahr-el-Litani, la ville de Zaleh jouit d'un climat sain qui la fait rechercher durant la saison d'été. Elle est entourée de vignobles, et les deux rives d'El-Bardaouni sont couvertes de pla-

tanes serrés qui donnent un bel ombrage.
et en font une promenade très agréable. Zahleh,
la plus grande agglomération urbaine de la
province du Liban, compte 14.000 habitants,
dont 9.300 grecs catholiques, 3.200 maronites et 1.500 grecs orthodoxes, sounnites et
autres. Le caïmacam et le président du tribunal sont grecs catholiques. La ville produit
des eaux-de-vie et des vins estimés. Elle fait
un commerce actif de céréales de la plaine
d'El-Beka'. Elle a beaucoup souffert des Druzes
en 1860.

District de Deir-el-Kamar. — Le plus petit
district de la province du Liban est celui de
Deir-el-Kamar, qui est enclavé dans le district
d'Ech-Chouf, et ne forme qu'un canton comprenant 7 communes. Il est administré par
un moudir, qui est maronite, de même que le
président du tribunal. Sa population, d'après
le recencement de 1914, est de 6.000 âmes,
dont 5.000 maronites et un millier de
melkites. Le chef-lieu du district est la petite
ville de Deir-el-Kamar (ce mot signifie en
arabe le couvent de la lune), sise sur le penchant d'une colline couronnée de cyprès et de
pins, à 800 mètres d'altitude et à 22 kilomètres, en ligne droite, au sud-est de
Beyrouth. Les maisons étagées, aux ter-

rasses grises parsemées çà et là de toits
en tuile rouge et ses rues dallées, étroites et
escarpés lui donnent un aspect pittoresque.
Elle est entourée de vignobles et de plantations de mûriers et de figuiers, qui lui font
un cadre de verdure plein de charme. L'air y
est sec et salubre. Une source qui jaillit du
flanc de la colline, au centre même de la ville,
lui fournit une eau pure, fraîche et abondante. Les habitants sont industrieux et actifs.
Ils possédaient de nombreux métiers à main
pour la fabrication des tissus de soie et de
coton ; mais cette industrie a périclité, ne pouvant soutenir la concurrence des produits
manufacturés importés de l'étranger. La ville
de Deir-el-Kamar fut la résidence des émirs
Ma'n el Chéhab ; on y voit encore le palais
construit par l'émir Fakhr-ed-Dinn. Elle était
devenue, sous la domination de ces émirs, le
marché général de toute la région avoisinante.
Entourée de villages druzes, elle eut avec eux
de nombreux démêlés, qui, parfois, dégénérè-
rent en conflits sanglants. En 1860, elle fut
incendiée par les Druzes, et une grande partie
de sa population mâle fut massacrée. Elle ne
s'est pas encore relevée entièrement de cette
catastrophe. Une belle route carrossable qui
contourne la vallée, relie Deir-el-Kamar à

qui contourne la vallée, relie Deir-el-Kamar à
Beit-ed-Dinn, résidence d'été du gouverneur
général. Beit-ed-Dinn veut dire en arabe maison de la religion. On croit que ce nom est
une corruption du mot Beit-Diana, maison de
Diane. On y voit une jolie petite cascade. Les
autres villages et hameaux du district de Deïr-
el-Kamar sont Khalouât-Gernaya, Derdourit,
Ma'acer, Ouadi-ed-Deir et Bkirzaï.

TERRITOIRES

DÉPENDANTS DU VILAYET DE BEYROUTH

Les territoires qui, bien que relevant au
point de vue administratif du vilayet de Beyrouth, font partie géographiquement du
Liban, sont l'arrondissement de Beyrouth et
une partie de celui de Tripoli.

L'arrondissement de Beyrouth comprend la
ville de ce mom et les districts de Saïda, de
Sour et de Merj-'Ayounn.

Ville de Beyrouth. — La ville de Beyrouth
(anciennement Béryte), chef-lieu du vilayet et
de l'arrondissement de même nom, est situé
par 33°54' de latitude N. et 33°10' de longitude E. (35°30' du méridien de Greenwich),
sur le bord septentrional d'un promontoire

qui s'avance d'une dizaine de kilomètres dans la mer. Son territoire, peu étendu, est resserré entre la mer, au nord et à l'ouest, et la province autonome du Liban à l'est et au sud. La plaine qui l'environne est couverte de riches plantations de mûriers. Un bois de pins la protège au sud-ouest contre l'envahissement des sables. Son climat est doux en hiver ; mais en juillet, août et septembre, la chaleur oblige les habitants aisés à se réfugier dans les montagnes du Liban.

Fondée par les Phéniciens, vers le XXII⁰ siècle avant J.-C., Beyrouth fut détruite par Triphon, roi de Syrie, en l'an 137 avant notre ère, et rebâtie par le Romains, qui lui donnèrent le droit de cité et le nom de *Julia Augusta Felix*. A la suite d'un tremblement de terre, qui la ruina au VI⁰ siècle, elle perdit beaucoup de son importance. En 635, elle tomba au pouvoir du calife Omar. Baudouin Iᵉʳ, roi de Jérusalem, s'en rendit maître en 1110, et, après avoir été reprise par Salah-ed-Dinn en 1187, elle fut de nouveau soumise à la domination des Croisés de 1197 à 1290. Les Ottomans la conquirent en 1516, avec le reste de la Syrie. Elle appartint longtemps aux émirs du Liban, et fut une de leurs résidences favorites. L'émir Fakhr-ed-Dinn y fit prospérer le commerce,

Ibrahim pacha, fils de Mohammad-Aly, vice-roi d'Egypte, l'occupa en 1831 et l'évacua en 1840, après qu'elle eut été bombardée par les flottes européennes alliées. A la suite des massacres de 1860, beaucoup de Chrétiens vinrent s'y établir, et, depuis lors, elle n'a cessé de s'accroître et de s'embellir.

Beyrouth fut autrefois la métropole des lettres et des sciences. Son école de droit romain était célèbre dès le IIIe siècle. Aujourd'hui, elle elle est encore la ville la plus intellectuelle de l'Orient. Parmi ses nombreux établissements scolaires, les plus remarquables sont l'université et la faculté de médecine des Jésuites, celles des missionnaires américains, le collège maronite de la Sagesse, le collège patriarcal des Grecs Catholiques, le collège Grec Orthodoxe, le collège des Frères des Ecoles Chrétiennes, l'école israélite, le pensionnat des Dames de Nazareth admirablement situé sur une hauteur qui domine la ville, les pensionnats de Saint-Joseph, les Sœurs de Saint-Vincent de Paul, etc. Parmi les édifices consacrés au culte, l'on peut citer la belle cathédrale maronite et la grande mosquée, qui fut autrefois l'église Saint-Jean, construite par les Croisés.

Le commerce de la ville de Beyrouth est

florissant. Elle est reliée, par le chemin de fer, à Damas et à Alep, et, par des routes carrossables, aux villes du littoral et de l'intérieur, et possède un port petit, mais sûr, et pouvant suffire aux besoins actuels de la navigation. Le mouvement annuel de son port, à l'entrée et à la sortie, est d'environ un millier de vapeurs et de 2.500 voiliers, jaugeant ensemble 1.200.000 tonneaux. La valeur des marchandises exportées annuellement à l'étranger peut être estimée à 40 millions de francs et la valeur des importations à 50 millions. On évalue sa population à 130.000 habitants, dont 39.000 sounnitees, 38.000 grecs orthodoxes, 31.000 maronites, 10.000 melkites et 12.000 protestants, israélites, latins, syriens, arméniens, druzes et autres.

District de Saïda. — Ce district est borné au nord par celui de Gezzinn, à l'est par le district de Merj-'Ayounn, au sud par le district de Sour et à l'ouest par la mer. Il est divisé en trois cantons et contient 137 communes. Sa population est de 26.000 habitants, se répartissant en 9.500 sounnites, 3.500 maronites, 3.500 grecs catholiques, 3.000 grecs orthodoxes, 2.500 metoualis et un millier d'israélites, de protestants et de latins.

Le chef-lieu du district est la ville de Saïda

ville de la Phénicie, sur laquelle elle exerça longtemps une suprématie, qui lui fut ensuite ravie par Tyr, sa fille et sa rivale. Conquise tour à tour par les Musulmans et les Croisés, elle fut fortifiée par Saint-Louis en 1253. Son commerce fleurit sous l'émir Fakhr-ed-Dinn, qui y construisit des mosquées, des bains, un palais et des khans (hôtelleries et entrepôts de marchandises). Le château-fort fut bombardé et détruit en 1840 par les flottes européennes alliées. Sa nécropole phénicienne attire l'attention. De beaux jardins d'orangers et de citronniers, dont les fruits seront exportés, s'étendent autour de la ville, jusqu'au Nahr-el-Aouali.

Saïda compte 12.000 habitants, dont 7.500 sounnites, 1.500 grecs catholiques, et 3.000 maronites, israélites, metoualis, protestants et latins. Le mouvement annuel de son port est d'une trentaine de vapeurs et d'environ 900 voiliers, jaugeant ensemble 40.000 tonnes.

Les principales localités du district de Saïda sont Geba' En-Nabatieh, Sarafend (l'ancienne Screpta), Mazar, Ech-Chétif près du château-fort de Kala'at-ech Chékif, etc.

District de Sour. — Ce district est limité au nord par celui de Saïda, à l'est par le district de Merj'-Ayounn, au sud par l'arrondissement (l'antique Sidon), située sur la mer, à une quarantaine de kilomètres au sud-ouest de Beyrouth. Construite vers le xv° siècle avant J.-C., elle est considérée comme la plus ancienne de Saint-Jean-d'Acre et à l'ouest par la Méditerranée. Il comprend 3 cantons, 103 villes, bourgs, villages et hameaux, et compte 17.000 habitants, dont 4.000 sounnites, 3.600 grecs catholiques, 3.200 grecs orthodoxes, 1.900 metoualis, 1.700 maronites, syriens catholiques et un millie d'arméniens, latins et autres.

Il a pour chef-lieu, Sour, la célèbre Tyr, à 35 kilomètres au sud-ouest de Saïda. Tyr, dont la fondation remonte à près de vingt-trois siècles avant J--C., fut une des cités maritimes les plus florissantes de l'ancien monde. Ce furent ses habitants qui commercèrent avec les pays les plus lointains et créèrent le plus grand nombre de colonies, parmi lesquelles Carthage fut la plus puissante. La pourpre fabriquée à Tyr était la plus estimée. Cette ville fut détruite par Nabuchodonosor, roi de Babylone, après un siège de treize ans. Reconstruite quelques années après, elle fut de nouveau ruinée par Alexandre en 332, avant notre ère. Elle conserva son indépendance jusque sous Auguste. En 638, elle fut conquise par Yazid, lieutenant de Omar. Les Croisés s'en emparèrent en 1124, et en 1202 un violent tremblement de terre n'en laissa subsister que quelques maisons. Elle tomba, en 1291, au pouvoir d'El-Malek-el-Achraf Khalil-Ibn-Kalaoum, sultan d'Egypte.

Tyr est, aujourd'hui, bien déchue de son ancienne splendeur. L'absence de toute végétation en rend l'aspect triste. On y voit des restes de fortifications, entre autres ceux d'une tour sur le rivage, au sud de la ville, et les ruines d'une église bâtie par les Vénitiens durant les Croisades et consacrée à Saint-Marc. Cette ville contient une population de 6.000 âmes, dont 2.700 musulmans, sounnites et chi'ites, 2.600 catholiques de tous rites et 700 grecs orthodoxes.

On remarque dans le district de Sour le village de Tibninn (l'ancien Toron), où s'élève un château-fort qui fut pris d'assaut par Salah-ed-Dinn en 1188 ; le village de Kana, renommé pour son miel ; Ma'arka, Ras-el-Aïn, Iskandarouna, etc.

District de Merj-'Ayounn. — Ce district est compris entre celui de Hasbaya au nord et à l'est, l'arrondissement de Saint-Jean-d'Acre au sud et les districts de Saïda et de Sour à l'ouest. On y compte 3 cantons et 53 communes, et sa population est de 11.000 habitants, parmi lesquels il y a 4.300 grecs orthodoxes, 3.500 sounnites, 1.000 chi'ites, 900 maronites, 800 grecs catholiques et quelques centaines d'arméniens, de latins et autres. Le chef-lieu est El-Gedaïda, gros village de 3.000 habitants, situé au milieu de riches vergers. Les principales localités sont : Houninn où l'on voit les ruines d'une ancienne forteresse, El-Houla, Bint-Gebaïl, Kadès, etc.

Les territoires de l'arrondissement de Tripoli qui appartiennent géographiquement au Liban sont : une partie du district de Tripoli et le district de 'Akkar en entier.

District de Tripoli. — Ce district est borné au nord par l'arrondissement de Lattaquieh, à l'est par les districts de Safita, de Housn-el-Akrad et de 'Akkar, relevant de l'arrondissement de Tripoli, au sud par la province du Liban et à l'ouest par la mer. Il comprend 6 cantons et 91 villes, bourgs, villages et hameaux avec une population de 40.000 âmes, dont 31.000 sounnites, 5.000 grecs orthodoxes, 2.500 maronites, 1.000 grecs catholiques et le reste composé d'israélites et de latins.

Il a pour chef-lieu la ville de Tripoli de Syrie (Tarablous-ech-Cham), qui a reçu des historiens grecs le nom de Tripolis, parce qu'elle était formée de trois colonies fondées par les Tyriens, les Sidoniens et les Aradiens. Le Sénat de la confédération phénicienne y avait son siège. Elle était florissante sous la dynastie des Séleucides et, après eux, sous la domination romaine. Les Arabes y entrèrent sans résistance en 638, et elle fut prise en 1109 par les Croisés, après un long siège, durant lequel ils construisirent, sur une hauteur voisine, un château-fort qui subsiste encore et qui est connu sous le nom ed Kala'at-Sangil (Saint-Gilles). Tripoli, érigée en comté, prospéra sous les Francs jusqu'à ce qu'elle tomba, 180 ans après, au pouvoir de Kalaounn, sultan d'Egypte, qui la détruisit complètement et rebâtit sur ses ruines une ville nouvelle. Durant le moyen âge, elle fut plusieurs fois ravagée par de violents tremblements de terre.

La ville actuelle est située près du château-fort, sur le Nahr-Abou-Aly, à 2 kilomètres de la mer et à 67 kilomètres au nord-est de Beyrouth. Le port, *El-Mina*, qui forme une commune distincte de 5.000 habitants et qui est relié à la ville par une ligne de tramway, est à près de trois kilomètres au nord-ouest. La plaine qui les sépare est couverte d'orangers et de citronniers. La population de Tripoli, non compris le port, est de

27.000 âmes, dont 22.000 sounnites, 3.400 grecs orthodoxes, 1.400 maronites et environ 200 latins, israélites et melkites. Le mouvement annuel du port est de 360 vapeurs et de 1.500 voiliers jaugeant ensemble 430.000 tonnes. Les marchandises exportées peuvent être estimées à 8 millions de francs et les marchandises importées à 11 millions de francs.

Les principales localités du district de Tripoli sont : Tartous (Tortosa), où l'on voit encore un château-fort et une église qui datent des Croisades ; l'île d'Arouad (l'antique Arad), à 3 kilomètres de la terre ferme, et dont les 2 à 3.000 habitants sont marins ou pêcheurs d'éponges ; 'Amrit ; 'Arka ; le village d'El-Calmounn, enclavé dans le district d'El-Koura, etc. La partie du district de Tripoli qui appartient géographiquement au Liban, comprend le village d'El-Calmounn et la bande littorale qui s'étend de la ville de Tripoli, au sud, jusqu'au Nahr-el-Kébir (Eleutherus), au nord.

District de 'Akkar. — Ce district a pour limites celui de Housn-el-Akrad, au nord, l'arrondissement de Hama à l'est, le district de Ba'albek et la province du Liban au sud et le district de Tripoli à l'ouest. On y trouve 174 bourgs, villages et hameaux, et sa population est de 20.000 habitants, se divisant en 16.200

sounnites, 1.600 nouçaïrichs, 1.100 grecs catholiques, 600 maronites, 200 grecs orthodoxes et quelques centaines d'isralélites et de protestants. Le chef-lieu du district est le bourg de 'Akkar, peuplé de 3.500 habitants en majorité sounnites. Les principaux villages sont : Kabeyat, Nahrïch, Roumnïch, Aïdamounn, etc. Dans ce district, on cultive beaucoup l'oignon pour l'exportation, et on fabrique des tapis rayés très estimés.

TERRITOIRES DÉDENDANT DU VILAYET DE SYRIE

Les territoires qui, tout en dépendant administrativement du vilayet de Syrie, font partie géographiquement du Liban, sont les districts de Hasbaya, de Rachaya, d'El-Beka et de Ba'albek, qui relèvent de l'arrondissement de Damas.

District de Hasbaya. — Ce district est borné au nord par celui d'El-Beka', à l'est par le district de Rachaya, au sud par l'arrondissement de Hourann et le district de Merj-'Ayounn et à l'ouest par le district d'El-Beka'. Il comprend dix-neuf communes, et sa population est de 14.000 habitants, parmi lesquels sont 3.500 sounnites, 3.400 druzes, 3.200 grecs orthodoxes, 2.000 maronites, 1.600 melkites et 300 israélites et protestants. Il a pour chef-lieu Hasbaya, petite ville de 5.000 habitants, située au milieu de vignobles et de bois d'oliviers, sur le versant occidental du Gebel-ech-Cheik, à 670 mètres d'altitude et à peu de distance d'une des sources du Jourdain. Cette ville fut incendiée par les Druzes en 1860, et une partie de sa population massacrée. Les autres localités sont : El-Habbarya, Aïn-Hercha, Rachaya-el-Fokhar, Chaba'a, etc. On trouve dans ce district beaucoup de ruines phéniciennes et romaines.

District de Rachaya. — Ce district est limité au nord de celui d'El-Beka', à l'est et au sud par le district de Ouadi-el-Ajam relevant de l'arrondissement de Damas et à l'ouest par le district de Hasbaya. Il compte 16 villages, bourgs et hameaux, avec une population de 14.000 habitants, dont 6.000 druzes, 5.400 grecs orthodoxes, 1.000 sounnites, 1.000 maronites et quelques centaines de melkites et de syriens catholiques. Le chef-lieu du district est le gros bourg de Rachaya, bâti sur le penchant d'une colline au pied du Gebel-ech-Cheik, et entouré de vergers. Il est dominé par un ancien château-fort des émirs Chéhab. Il fut très éprouvé dans les événements de 1860. Sa population actuelle est de 3.500 habitants. Les principaux villages sont : Aïha, Kafr-Kouk, Roukla, Kafr-Chouba, Mimas, Ed-Deir-el-Ahmar, renommé pour ses poteries, etc.

District d'El-Beka'. — Ce district est borné au nord par la province du Liban et le district de Ba'albek, à l'est par le district de Ouadi-el-Ajam, au sud par ceux de Rachaya, de Hasbaya et de Merj-Ayounn et à l'ouest par la province du Liban. On y compte 67 localités, contenant une population de 18.000 habitants, dont 8.300 grecs catholiques, 3.000 maronites, 1.400 grecs orthodoxes et quelques centaines de sounnites et de metoualis. Il a pour chef-lieu Ma'alkat-Zahleh, gros bourg de 3.500 habitants, qui touche à la ville de Zahleh à l'ouest. Parmi les autres centres de population, on remarque les villages de Chtaoura, renommé pour ses vignobles et son vin, Ta'nayel où les Jésuites possèdent une ferme-modèle, le village de Kabb-Elias au-dessus duquel on voit les ruines d'une très ancienne forteresse, Majdel-'Anjar, El-Karak, Saghbinn, etc. La plaine d'El-Beka' est très fertile et vient après le Hourann pour la production du blé.

District de Ba'albek. — Ce district a pour limites au nord de l'arrondissement de Hama, à l'est les districts de Nabk et de Ouadi-el-Ajam relevant de l'arrondissement de Damas, au sud le district d'El-Beka' et à l'ouest la province du Liban. Il comprend 76 communes, et sa population est de 30.000 habitants, dont 9.800 sounnites, 6.500 metoualis, 6.200 grecs catholiques, 4.500 grecs orthodoxes, 2.300 maronites et quelques centaines de protestants.

Le chef-lieu du district est la petite ville de Ba'albek, sise dans la plaine de même nom, à 1.170 mètres d'altitude. Dédiée par les Phéniciens au culte du dieu Ba'l, elle reçut des Grecs le nom d'Héliopolis, ville du Soleil. Elle est célèbre par les ruines grandioses du temple du Soleil, dont six énormes colonnes canelées de 19 mètres de hauteur, surmontées de chapiteaux corinthiens, sont encore debout. Dans la cour qui précède le temple et qui mesure 130 mètres de long sur 110 mètres de large, l'empereur Théodose avait construit une basilique, dont quelques restes subsistent encore. L'avant-cour avait été transformée en forteresse par les Arabes. Dans le mur d'enceinte, l'on voit trois blocs gigantesques de près de 20 mètres de longueur sur 4 mètres de hauteur et plus de 3 mètres de largeur. Au sud du grand temple du Soleil, se trouve le temple de Jupiter, un des monuments les plus beaux et les mieux conservés de la Syrie. Un petit temple circulaire, qui était consacré à Vénus et qui a échappé à la destruction, s'élève à quelque distance à l'est.

Ba'albek, qui était prospère sous les successeurs d'Alexandre et la domination romaine, fut saccagée une première fois par les Mongols en 1620, puis détruite par eux au commencement du xve siècle. Depuis lors, elle eut à souffrir des tremblements de terre. Aujourd'hui, elle compte 5.000 habitants, en majorité sounnites et metoualis.

Les autres localités principales du district sont : En-Nebi-Chit, Ras-Ba'albek, Fakih, Britann, etc.

Les territoires qui viennent d'être décrits et qui géographiquement font partie du Liban, s'étendent depuis le Nahr-el-Kébir (Eleutherus) au nord, jusqu'au cap Ras-en-Nakoura au sud, où commence l'arrondissement de Saint-Jean-d'Acre, et depuis la mer Méditerranée à l'ouest jusqu'au pied du versant occidental de l'Anti-Liban. Ils forment, dans leur ensemble, un parallélogramme à peu près régulier de 193 kilomètres de long, d'une largeur moyenne de 62 kilomètres et d'une superficie de 12.000 kilomètres carrés approximativement. La population de ces territoires est de 754.000 habitants, savoir : 3o5.000 maronites, 134.000 musulmans sounnites, 125.000 grecs catholiques, 6o.000 druzes, 37.000 metoualis et 23.000 divers. La province actuelle du Liban ne mesure que 4.000 kilomètres carrés, soit le tiers de la superficie de ces territoires et ne compte que 44o.000 habitants, soit les 3/5 de leur population totale. Les impôts, dîmes, taxes, droits de douane, monopoles divers et autres revenus publics produisent annuellement, dans l'ensemble des territoires dont il s'agit, une somme de 73o.000 livres turques, soit 16.790.000 francs.

CHAPITRE VIII

Le Liban après la guerre

Que deviendra le Liban après la guerre? Sera-t-il annexé, lui appliquera-t-on le régime du protectorat ou bien obtiendra-t-il son indépendance? On ne peut d'ores et déjà préjuger la réponse à donner à cette question. Mais il est permis d'écarter à priori l'hypothèse que le Liban sera réduit à l'état de simple colonie. Les Alliés ont proclamé que « l'un des buts de la guerre actuelle est l'affranchissement des populations soumises à la domination étrangère. Ils veulent, avant tout, assurer la paix sur les principes de liberté et de justice ». Les Libanais, qui ont conservé leur autonomie à travers les siècles, et dont la culture n'est pas inférieure à celle de beaucoup de peuples libres d'Europe et d'Amérique, ne sauraient être soumis à un régime politique moins libéral que celui dont ils ont joui jusqu'ici.

L'annexion, avec toutes les prérogatives et les charges afférant au droit de citoyen, serait accueillie avec joie par beaucoup de Libanais. Mais arrivera-t-on à résoudre toutes les difficultés inhérantes à la question du statut du personnel des Musulmans, des Metoualis et des Druzes, qui forment une fraction importante de la population du Liban?

Quel que soit le régime politique dont ce pays sera pourvu : annexion, protectorat sous une forme libérale ou indépendance garantie par les Puissances Alliées, il aspire à ses limites géographiques naturelles.

A certaines époques de son histoire, le Liban s'est étendu depuis Tartous au nord jusqu'au delà de Safad et de Nablous au sud. Il ne revendique pas ces villes. Mais il est des territoires dont il a été amputé, lors de l'élaboration de sa charte constitutionnelle de 1861, et qui, néanmoins, en font partie au point de vue géographique, économique et historique. Ces territoires sont ceux qui ont été compris dans la carte dressée par l'état-major du corps expéditionnaire français de 1860-1861 et le tableau statistique de la population des districts du Liban [1], qui accompagnait cette carte.

1. Voir page 165.

Beyrouth, Tripoli et Saïda sont enclavées dans le Liban. Ces trois villes lui sont tributaires pour les denrées de première nécessité. Sans l'eau de ses sources qu'elles ont captées, elles ne pourraient subsister. Leurs habitants se réfugient sur ses montagnes pour y trouver la fraîcheur qui leur manque chez eux durant la canicule. La ville de Beyrouth est séparée du reste du vilayet dont elle est le chef-lieu, par 65 kilomètres de territoire libanais au nord et 40 kilomètres au sud ; ses habitants sont, en majorité, d'origine libanaise ; elle ne vit que de son commerce avec le Liban ; elle lui achète sa soie, sa laine, ses fruits et ses produits de toute sorte, qu'elle expédie au delà des mers, et lui vend les tissus de soie et de coton, le velours, les draps, les métaux, les meubles, l'horlogerie, etc., qu'elle importe. Le sol même de ces magnifiques jardins d'orangers et de citronniers qui font la richesse de Tripoli et de Saïda est formé de la terre arrachée par les eaux aux flancs des montagnes libanaises, et ces arbres aux fruits d'or seraient desséchés si les fleuves qui descendent de ces montagnes ne leur apportaient la fraîcheur et la vie.

La fertilité des plaines de Ba'albek, d'El-Beka' et de Merj-Ayoun a aussi été créée par

14

les alluvions des eaux du Liban. Ces plaines sont d'ailleurs circonscrites entre la chaîne principale et le chaînon parallèle qu'elle projette à l'est et auquel on a donné le nom dérivé d'Anti-Liban. Le Belad-Bechara, pays de Tyr, est couvert par les ramifications du Liban au sud et arrosé par les affluents de gauche d'un de ses principaux fleuves, le Nahr-el-Litani, appelé sur son cours inférieur le Nahr-el-Kacimieh. Hasbaya et Bachaya s'élèvent sur le versant occidental du massif du Gebel-ech-Cheikh, qui termine au sud la chaîne de l'Anti-Liban. Les montagnes du pays de 'Akkar ne sont que les derniers contreforts que le Liban projette au nord dans la vallée du Nahr-el-Kébir.

Sous Fakhr-ed-Dinn II, le Liban comprenait non seulement les districts qui forment maintenant la province autonome, mais aussi les arrondissements actuels de Nablous et de Saint-Jean-d'Acre, une partie du pays de Hourann, le Belad-Bechara, Saïda, Hasbaya, Rachaya, El-Beka', Ba'albek, Beyrouth, Tripoli, le district de 'Akkar et Tartous. La plupart de ces territoires furent aussi soumis à l'autorité de l'émir Béchir II. Beyrouth appartint longtemps au Liban, sous les Ma'nn comme sous les Chéhab.

Les districts qui constituent la province

actuelle du Liban suffisaient à nourrir leur population, alors qu'en 1861, elle s'élevait à 270.000 âmes seulement et que ses besoins étaient peu nombreux. Depuis cette date, la situation s'est modifiée considérablement : le chiffre de la population s'est accru de plus de la moitié ; il est actuellement de 440.000 individus, pour une superficie de 4.000 kilomètres carrés. La densité de la population est donc au Liban de 110 habitants au kilomètre carré. En France, pays non seulement agricole, mais industriel aussi, et où les plaines fertiles occupent de vastes étendues, la densité kilométrique est de 73 seulement.

Pour subvenir à leurs besoins, les montagnards du Liban ont défriché toutes les terres susceptibles de donner une récolte quelconque. Ils ont brisé le roc et étagé les terrasses partout où une mince couche de terreau leur donnait l'espoir que leur labeur opiniâtre trouverait sa récompense, et que des vignobles et des plantations de mûriers et d'oliviers couvriraient les pentes escarpées et pierreuses. Mais le terrain propre à la culture manque de plus en plus. En outre, la sécurité dont jouit le Liban, le niveau plus élevé de l'instruction générale, la facilité des communications qui met les habitants des campagnes en contact

avec ceux des villes, tout cela a créé des exigences que les ressources restreintes d'un sol
pauvre ne permettent plus de satisfaire. Sans
compter que la vie a renchéri du double en
cinquante ans, alors que les principales pro-
ductions du Liban, telles que la soie et l'huile
d'olive, ont diminué considérablement de
prix. Les Libanais étouffent dans leurs montagnes surpeuplées. Ne trouvant plus leur sub-
sistance sur le sol de leur patrie, ils émigrent
en grand nombre depuis une trentaine d'années, et vont gagner leur vie sous d'autres
cieux. Plus de 3oo.ooo d'entre eux sont
répandus dans les Etats-Unis de l'Amérique du
Nord, au Mexique, au Brésil, en Argentine,
dans l'Afrique du Sud et jusqu'en Australie.
Ces émigrants sont, en majorité, des jeunes
gens et des hommes dans la force de l'âge.

Cependant, à quelques kilomètres de leur
villages natals, de grasses plaines, que les eaux
de leurs montagnes ont fertilisées, réclament
des bras pour les cultiver. La plaine de Ba'albek n'a que 11 habitants par kilomètre carré
et celle d'El-Beka' 12. Si ces deux districts
faisaient administrativement partie du Liban,
comme ils lui appartiennent géographiquement
et historiquement, le surplus de sa population
se déverserait sur eux et décuplerait leur pro-

duction. Il en serait de même des districts de Merj-'Ayounn, de Belad-Bechara, de Hasbaya et de Rachaya.

Le Liban a placé une confiance indéfectible en la justice des Grandes Puissances Alliées et en l'intérêt bienveillant qu'elles n'ont cessé de lui témoigner, pour rentrer en possession des circonscriptions qui auraient dû lui appartenir depuis 1861. Il fait surtout appel à la France, sa protectrice naturelle en tout temps et l'arbitre de ses destinées à l'heure actuelle. La réalisation du vœu qu'il émet lui permettra de retenir sur son territoire élargi des dizaines de milliers de ses enfants qui émigrent annuellement, parce qu'il ne peut plus les nourrir.

Le Liban ainsi reconstitué contiendra une population de 754.000 âmes. Ses ressources budgétaires s'élèveront à 17 millions de francs et lui permettront d'entreprendre les travaux publics : canaux d'irrigation, chemins de fer, routes, ports, édifices publics, etc., qui développeront son agriculture, son commerce et son industrie et le rendront prospère. L'instruction jusqu'ici négligée par les autorités pourra être répandue largement et pénétrer jusqu'aux hameaux les plus reculés. La sécurité publique pourra être assurée par une force suffisante, et l'on ne sera plus forcé, pour défendre sa vie et sa bourse, de s'armer jusqu'aux dents quand on s'aventurera dans quelques cantons qui relèvent maintenant des vilayets.

Le Liban n'est pas encore mûr pour le régime parlementaire, tel qu'il est pratiqué en Europe. L'éducation politique du peuple est trop peu avancée pour permettre de le doter dès maintenant d'une assemblée délibérante, ayant le droit d'approuver ou de rejeter les lois qui lui sont soumises et devant laquelle les chefs de départements seraient responsables. On pourrait débuter par y instituer une Chambre Législative, qui serait appelée à discuter le budget et les projets de lois et à émettre des avis et des vœux à leur sujet. Les résolutions adoptées par cette Chambre ne lieraient pas le gouvernement qui serait libre de les admettre ou de les écarter ; mais, dans ce dernier cas, il serait tenu de faire part à la Chambre des raisons qui motivent sa décision. Les députés seraient élus au deuxième degré ; chaque district aurait droit à autant de représentants qu'il contient de fois 20.000 habitants. Une fraction de ce chiffre compterait pour une unité entière. Les électeurs de chaque district nommeraient un certain nombre de délégués, qui, à leur tour, éliraient les députés. Pour sauvegarder les intérêts des minorités, le nombre des députés appartenant à chaque communauté serait proportionnel au chiffre total de ses membres dans tout le territoire libanais. Les pouvoirs de la Chambre pourraient être étendus à mesure que le peuple se formerait au régime parlementaire.

Pendant plusieurs années, le Liban aura besoin de l'aide de techniciens en matière de travaux publics, de police, d'hygiène publique, de justice, d'instruction publique, d'agriculture, de commerce et d'industrie. Des conseillers étrangers compétents seraient donc attachés aux chefs des différents départements, pour les assister de leurs avis ; mais ils n'auraient aucun pouvoir exécutif. L'armée serait organisée par une mission militaire étrangère, en restant sous le commandement de ses officiers. Elle serait recrutée par une voie de tirage au sort, le service militaire devenant obligatoire. Une élite de jeunes gens serait envoyée dans les grandes écoles d'Europe, pour y acquérir les sciences nécessaires au développement intellectuel et économique du pays. Parmi ceux de ces jeunes gens qui entreraient dans l'administration, les conseillers étrangers s'attacheraient à former des fonctionnaires capables, dans la suite, d'occuper dignement leur place. Le Liban, ainsi agrandi et mis en mesure de se suffire et de se gouverner, sera libre et prospère sous l'égide des Grandes Puissances et principalement de la France.

TABLEAU STATISTIQUE

INDIQUANT LA POPULATION DES DISTRICTS DU LIBAN

(annexé à la carte dressée par l'état-major du corps expéditionnaire de Syrie en 1860-1861).

Districts	Maronites	Grecs orthodoxes	Grecs catholiques	Druzes	Metoualis	Musulmans	Israélites	Totaux
'Akkar	5.000	5.000	»	»	»	2.500	»	12.500
Dennieh	1.000	1.000	»	»	»	6.000	»	8.000
Tripoli (ville)	1.200	4.800	25	»	»	18.000	60	24.085
El-Koura inférieur	500	1.500	»	»	»	1.000	»	3.000
El-Koura supérieur	1.800	4.000	»	»	200	»	»	6.000
El-Zaouia	4.000	200	»	»	»	100	»	4.300
Becharri	30.000	»	»	»	»	»	»	30.000
El-Batrounn	15.000	3.450	300	»	100	320	»	19.170
Gebaïl	17.500	1.500	»	»	»	200	»	19.200
El-Mouneitra								
El-Fetouh	5.300	»	»	»	6.000	»	»	11.300
Kesraouann	25.000	»	300	»	»	25	»	25.325
El-Matn								
Zahleh	30.000	10.000	8.000	5.000	130	300	»	53.430
Es-Sahel	6.500	930	255	»	1.000	50	»	8.705
Beyrouth (ville)	10.000	13.500	3.500	200	»	18.000	1.000	46.200
A reporter	152.800	45.850	12.380	5.200	7.430	46.495	1.060	271.215

Districts	Maronites	Grecs orthodoxes	Grecs catholiques	Druzes	Metoualis	Musulmans	Israélites	Totaux
Report.	152.800	45 850	12.380	5.400	7.430	46.495	1.060	271.215
El-Gharb	4.000	3.500	200	4.400	200	»	»	12.300
El-Manacef. Ech-Chahhar	8.500	400	1.100	4.600	»	50	300	14.950
El-Jourd.	3.500	1.200	150	3.500	»	»	»	8.350
El-'Arkroub	3.300	450	600	2.500	»	»	»	6.850
Ech-Chouf.	1.500	»	2.000	8.500	»	»	»	12.000
Gezzinn. Rihann	10.100	»	1.000	· 60	1.490	250	»	12.900
El-Kharroub Et-Teffah	6.000	»	6.500	»	4.200	5.500	»	22.200
Saïda (ville)	1.000	200	1.800	»	300	8.000	700	12.000
Ech-Chekrïf Choumar	750	»	250	»	15.500	»	»	16.500
Belad-Bechara	4.000	»	1.000	»	15.000	»	»	20.000
Merj-Ayounn	860	2.650	125	600	1.000	790	»	6.025
El-Houleh	150	180	100	2.220	»	3.140	»	5.790
Hasbaya.	820	4.610	170	5.080	»	3.140	»	13.820
Bachaya.	800	4.000	»	7.000	»	500	»	12.300
El-Baka.	4.100	3.000	2.100	500	2.000	7.500	»	19.200
Ba'albek.	6.000	2.000	4.000	»	8.000	1.200	»	21.200
TOTAL.	208.180	68.040	33.475	44.160	55.120	76.563	2.060	487.600

INDEX ALPHABÉTIQUE

C

Caïmacam, 48.
Calamos (El-Calmounn), 89.
Califes, 49.
Carthage, 47.
Carnivores, 18.
Catholiques (Grecs), 64.
Cèdres, 4, 27.
Céréales, 20.
Cesrea-Philippi (Banias), 15.
Chaba'a, 150.
Chaldéens, 48.
Chamim (Ba'l), 77.
Chant, 68.
Capacité (mesures de), 44.
Charrue, 23.
Chéhab (émirs), 52.
Cheikhs, 46.
Chien, fleuve, (Mahr-el-Kalb), 11.
Chi'ites, 64.
Chouaïr, 129.
Choueifat, 31.
Chtaoura, 32.
Circassiens, 74.
Climat, 20.
Combustibles minéraux, 31.
Commerce, 26.
Conscil administratif, 93.
Constantinople, 49.
Constitution politique, 87.
Costumes, 79.
Couyoumdjian pacha (Ohannès), 60.
Croisades, 50.
Cyrrhe, 68.

D

Dahdah (cheikhs), 67.
Daher (cheikhs), 67.
Dahr-el-Baïdar (col), 4.
Dahr-el-Kadib (mont), 4.
Damas, 39.
Danses, 81.
Daoud pacha, 59.
Debayeh, 13.
Deir-el-Kala'a, 11.
Deir-el-Kamar, 9.
Demechk-ech-Cham (Damas), 5.
Derdourit, 108.
Division administrative, 115.
Douma, 131.
Druzes, 56.

E

Ech-Chékif, 143.
Ech-Choueifat, 40.
Ech-Chouf, 52.
Ed-Deir-el-Ahmar, 151.
Ed-Dimann, 67.
Edesse, 50.
Egyptiens, 48.
Ehdenn, 40.
Ehmej, 134.
El-Barouk, 40.
El-Batrounn, 5.
El-Beka', 7.
El-Calmounn, 89.

TABLE DES MATIÈRES

ANGERS. — IMPRIMERIE F. GAULTIER ET A. THÉBERT.

ANGERS. — IMPRIMERIE F. GAULTIER ET A. THÉBERT.

www.ingramcontent.com/pod-product-compliance
Lightning Source LLC
LaVergne TN
LVHW012012170726
843503LV00001B/322